KB058479

마침내,
고유한
나를
만나다

KI신서 10229

마침내, 고유한 나를 만나다

1판 1쇄 인쇄 2022년 5월 3일
1판 1쇄 발행 2022년 5월 16일

지은이 김석
펴낸이 김영곤
펴낸곳 (주)북이십일 21세기북스

인생명강팀장 윤서진 **인생명강팀** 남영란 강혜지
디자인 강경신
출판마케팅영업본부장 민안기
마케팅2팀 나은경 정유진 박보미 백다희
출판영업팀 이광호 최명열
제작팀 이영민 권경민

출판등록 2000년 5월 6일 제406-2003-061호
주소 (10881) 경기도 파주시 회동길 201(문발동)
대표전화 031-955-2100 **팩스** 031-955-2151 **이메일** book21@book21.co.kr

ⓒ 김석, 2022
ISBN 978-89-509-0074-8 04300
    978-89-509-9470-9(세트)

(주)북이십일 경계를 허무는 콘텐츠 리더

21세기북스 채널에서 도서 정보와 다양한 영상자료, 이벤트를 만나세요!
페이스북 facebook.com/jiinpill21 **포스트** post.naver.com/21c_editors
인스타그램 instagram.com/jiinpill21 **홈페이지** www.book21.com
유튜브 youtube.com/book21pub

서울대 **가**지 않아도 들을 수 있는 **명강**의! 〈서가명강〉
'서가명강'에서는 〈서가명강〉과 〈인생명강〉을 함께 만날 수 있습니다.
유튜브, 네이버, 팟캐스트에서 '서가명강'을 검색해보세요!

마침내,
고유한
나를
만나다

나에게 질문하는 순간
관계가 풀리는
'자아 리셋' 심리학

김석 지음

21세기북스

자아 리셋,
매너리즘에
빠지지 않기

어떤 일을 반복하다 보면 종종 매너리즘에 빠진다. 국어사전에 보면 매너리즘(mannerism)은 '항상 틀에 박힌 일정한 방식이나 태도를 취함으로써 신선미와 독창성을 잃는 일'이라고 정의되어 있다. 대학에서 같은 제목의 강의를 오래 하다 보면 아무리 내용에 변화를 주어도 최초의 열정을 잃어버리고, 잡무와 연구에 쫓기면서 관행적인 수업을 반복할 때가 있다. 나도 그런 면이 없지 않으나 다행히 교수로서 연구자로서 늘 반성하고 보람을 느끼게 하는 계기가 있다. 바로 대학 밖에서 이루어지는 강연이다. 나의 외부 강의나 강연에 반응해주고, 그것으로 인해 새로운 변화를 시작하는 사람들이 주는 여러 형태의 피드백이 나를 항상 새롭게 한다. 청중의 반응은 연구자이자 교수로서의 내 정체성과 욕망에 다시 불을 지핀다.

일례로 2011년 한 교도소에서 열린 '평화인문학'이라는 강연 프로그램에 참여한 적이 있다. 여러 분야의 학자들이 참여했는데 나는 '행복'과 '사랑'이라는 주제로 재소자들 약 15명에게 두 차례의 철학 강의를 했다. 늘 철학이란 세계와 자신에 대한 탐구적 자세 전환을 배우는 계기라는 신념을 가지고 있는 나는 그날도 열정적으로 '사랑'에 대해 이야기했다. 강연이 끝나고 한 재소자가 오더니 내게 무언가를 내밀었다. 강연을 들으며 자신과 아내의 관계에 대해 생각하게 되어 처음으로 그 자리에서 아내에게 줄 시를 써보았다며 보여주었다. 시 내용은 자세히 기억나지 않지만 소박하고 좀 서툴어도 진솔하게 자신의 감정을 표현한 글이었다. 그 순간 '아, 철학의 역할이 이렇게 새롭게 뭔가를 자극하고 인생에 변화를 주는 촉매제일 수도 있겠구나!' 하는 생각이 들면서 내가 더 감동했다. 난 수줍게 서 있는 그에게 앞으로 글도 더 써보고, 책도 읽으면서 주변 분과 많이 이야기를 나누라고 격려하고 교도소를 나왔다.

10년도 지난 일이지만 그때와 비슷한 경험을 반복할 때마다 철학 연구자로서 뭔가를 가르친다는 것에 말 못할 희열과 자부심을 느낀다. 내가 강의를 엄청 잘해서가 아니라 사랑이 란 상대와 무조건 하나가 되려는 의지도, 상대에게 내 정념을 무한히 쏟아붓는 희생도 아닌 순수한 나와 타자의 차이를 발 견하는 경험이자 둘이 둘로 서는 경험이라고 강조한 이야기 가 그 재소자에게 반향을 주었던 것 같다.

대중 강연은 학점과 전문 지식을 목적으로 하는 대학 강의 와 달리 형식도 자유롭고, 내용도 평소 내가 고민하고 생각하 는 문제들을 전달할 때가 많다. 철학 지식은 사람들에게 호기 심은 줄지언정 큰 감동을 주지 못하지만 그것이 자신의 삶에 어떻게 활용될지를 질문하면서 새로운 자세 전환을 유도하다 보면 그 재소자처럼 새로운 것을 깨닫는 분들이 종종 있다. 그런 분들이 강연 후 직접 찾아와 감사 인사를 전하거나 메일 을 보내주면 철학자로서 나도 새로운 자극을 받는다.

이 책에서 다루게 될 '자아 리셋'은 여러 곳에서 다룬 강연 주제들을 비교적 큰 네 개의 범주로 묶어 하나의 강연으로 진 행한 판본이다. 출판을 목적으로 쓴 게 아니라 유튜브 공간처 럼 제한된 시간과 틀에 맞춰 대중 강연을 진행한 녹취록을 보 완하고 수정해 책으로 낸 것이다. 글과 말의 차이는 오랜 옛

날부터 철학자들의 주된 관심사였다. 나 역시 글을 쓰고, 강연도 하지만 강연 녹취를 글로 다시 바꾸면 글의 맛이 달라진다. 조금 더 자유롭고, 편하고, 쉬우면서 울림을 주는 것이 강연의 특징이다. 글은 처음부터 주제를 일관하려는 목적의식과 분량 같은 형식의 제약이 많아서 훨씬 더 현학적이 되고, 자칫 어려워질 수 있다는 게 나의 결론이다. 그래서 이번처럼 내가 한 강연을 다시 읽어보면 글로 미처 전달하지 못한 여백이나 자유로운 공명을 참 많이 느낀다. 물론 자칫 주제를 벗어나거나 일관성을 잃기도 하는 게 구두 강연의 약점인데 이것은 구성과 수정을 통해 바로 잡았다. 읽다 보면 편하게 강연을 듣는 느낌을 받을 수 있을 것이다.

왜 하필 '자아 리셋'일까? 리셋은 '데이터를 처리하는 기구 전체나 일부를 초기 상태로 되돌리는 일'이다. 그렇다고 자아를 완전히 초기 상태로 되돌리자는 것이 아니라 자아에 대해 새롭게 생각해보자는 것이 나의 메시지다. 그럼 초기 상태의 자아는 무엇이고, 원래의 자아가 있기는 한 걸까? 사실 자아는 성장하는 어느 순간에 만들어져 나도 모르게 내 정체성의 가장 중요한 부분으로 자리 잡지만 고정된 실체도, 구조도 아니다. 어찌 보면 자아는 내가 단순히 믿고 싶고 그러려니 생각하는 정보처리 과정에 가깝다. 그렇기 때문에 자아 자체의 리셋이 가능할까에 대해 질문해볼 수 있다.

자아 리셋의 필요성을 이야기하다 보니 그간 우리는 자아에 대해 어떤 오해를 하고 그것이 왜 발생할 수밖에 없는지, 그리고 자아와 연관된 욕망과 불안, 나아가 자아 리셋 과정에서 타자와 어떻게 관계를 맺을지의 주제를 연이어 다루게 되었다. 이 모든 주제는 하나의 일관된 문제의식, 즉 잘 살면서 나의 고유한 행복을 실현하는 것과 연관된다. 자아 리셋은 특별한 행위이기보다는 문제의식의 출발점이자 동시에 목적이며, 끊임없는 변화 과정을 뜻한다.

자아는 철학뿐 아니라 개인적으로도 가장 관심이 많은 연구 주제이기도 하다. 자아에 대한 관심은 학문적이기보다 일상의 고민에서 시작되었다. 대학과 대학원에서 여러 학생을 만나고 가르치다 보니 많게는 나보다 30년 이상 어린 학생들과 소통하게 되는데, 관계 설정이 갈수록 어렵다는 것을 절실히 느끼기 때문이다. 내가 나이를 먹어가는 탓도 있지만 점점 젊은 세대의 가치관이나 삶의 방식이 따라가기 힘들 정도로 빠르게 바뀌는 탓도 크다. 예전처럼 교수이기에 권위를 가질 수 있는 것이 아니며, 내 말이 (받아들여질 만하지 않으면) 공식 수업 과정에서도 거부되는 것을 현장에서 느낄 때가 있다. 나는 좋은 의도와 목적으로 이야기한 것인데 나중에 학생들은 그것 때문에 상처를 받고, 나를 비난할 때도 종종 있다. 그러다 보니 사람을 만날 때마다 내 문제는 무엇이고, 어떻게 관계를 맺는 것이 좋을지 고민하게 된다.

요즘 신문 지상에서 많이 회자되는 세대 갈등, 젠더 갈등, 문화 갈등을 일선에서 가장 첨예하게 겪으면서 철학자로서 그것에 답을 주려다 보니 자아, 욕망, 타자에 대해 생각할 기회를 강요(?)받는 것이다. 자아의 가장 큰 특징은 자기중심성인데 이렇게 강조하는 나도 무의식적으로 그 함정에 빠질 때가 있다. 그러다 보면 상대로서는 굉장히 예민하고 거북한 주제를 나는 내 식으로 전달해 사달이 나기도 한다. 한 가지 예로 철학 텍스트를 학생들과 강독하는 전공 수업이었다. 학생들이 잘못 독해하거나 본질을 놓치고 헛다리를 짚을 때 이 수업이 면접시험이면 지금 그 정도의 답변은 대략 몇 점쯤이라고 지적해준 적이 있다. 내 딴에는 학생들이 자신의 문제와 약점을 정확히 보기를 바라면서 마치 수행평가처럼 구체적 점수를 매겨 설명한 것인데, 그 학기가 끝나고 강의평가에 이 부분에 대한 학생들의 원망과 비판이 많았다. 그때 나는 아무리 내 의도가 좋아도 타자와 소통하고 더불어 살기 위해서는 나보다는 타자의 입장을 그 자체로 받아들이는 것이 선결문제라는 반성을 했다.

물론 학생들의 비판을 무조건 수용해야 하는 것은 아니다. 미국의 사회학자 조너선 하이트가 『나쁜 교육』에서 소개한 것처럼 학생들이 불편해하고 싫어하는 주제를 점점 더 대학 강단에서 퇴출시키는 것은 이들에 대한 지나친 보호이자 편견을 조장해 정신적 면역력을 떨어뜨리는 또 하나의 신화가 될 수 있기 때문이다. 자아 리셋이 잘되면 타자와의 관계도 새롭게 설정할 수 있다. 대부분 소통의 문제는 자기 관점에서 의미를 부여하며 상대를 설득하려고 하기 때문에 생긴다. 타자를 수용하는 것은 타자의 낯섦과 동화 불가능성을 일단 그 자체로 받아들이는 데에서 시작한다.

보통 자아에 대한 책은 자아의 구성과 성격, 자아에 대한 논쟁을 다룬다. 나는 자아 리셋의 목적이 자아에 대한 여러 이론을 검토하는 것이 아니라 사회가 주는 선입견과 성장 과정에서 굳어진 습관적 관행 때문에 자신에 대해 잘못 이해하고 있는 것을 문제 삼는 것에서부터 시작되어야 한다고 생각한다. 1부 '내 안의 나'는 이런 부분을 다루었다. 히브리인의 오랜 속담에 따르면 인간은 질문을 던지는 자다. 인간은 호기심을 가지고 자연, 세계, 우주, 그리고 더 나아가 이 모든 것의 원인인 신에 대해 탐구해왔다. 하지만 모든 지식의 출발점에는 나에 대한 질문이 놓여야 한다. 내가 나를 잘 모를 수 있다는 것을 받아들이는 것이 자아 리셋의 출발점이자 다른 학문의 토대가 된다. 이른바 '자세 전환'의 중요성이다. 자아에 대한 오해는 미숙함이나 교육 부족이 아니라 구조적이기에 지식이 많을수록 이런 성향이 더욱 심화되기 쉽다. 편견이 많거나 극단적인 사람이 꼭 머리가 나쁘거나 지식이 부족할 거라고 착각하지 말자. 일단 나 자신을 알려는 욕망이 필요하다.

2부의 '욕망'과 3부의 '불안'은 서로 연동된 내용이다. 오늘날 대한민국에서 최대 이슈 중 하나는 부동산 문제와 소득불평등이다. 젊은 세대가 불공정이나 기득권에 반발하는 것도 어찌 보면 자신의 욕망을 발휘하기 힘든 불투명한 미래 때문이다. 욕망은 인간의 삶을 만들고 색깔을 부여하지만 욕망 때문에 맹목적이 되고, 파탄에 이르기도 한다. 그런데 2부에서 말하는 욕망은 욕망 일반의 문제가 아니라 결국 자신과 제대로 관계 맺는 욕망이다. 자아 리셋의 문제는 자연스럽게 욕망의 성격, 그리고 욕망의 이중성과 그것을 다루는 일이다. 욕망의 본성을 잘 이해하지 못하면 소외되면서 큰 정신적 고통을 받을 수도 있다.

욕망이 제대로 작동하는지, 잘못된 소외의 욕망으로 이끄는지에 대한 기준점이 바로 불안이다. DSM으로 대변되는 현대 정신의학에서 '불안장애'의 비중이 점점 늘고 있다. 넓은 의미의 불안장애에는 우울증이나 정서장애도 포함되며, 우리가 많이 들어본 공황장애, 광장공포증, 강박증 등이 모두 포함된 친숙한 질병 중 하나다. 나는 여기서 불안이란 그렇게 부정적이지만은 않으며 유한자와 무한자, 신과 동물의 경계에 있는 인간만이 느끼는 고유한 실존적 징표라는 이야기를 강조하고 싶다. 그런데 실존주의자들이 불안을 인간의 존재론적 조건으로 설정하는 것과 달리 나는 욕망이 제대로 작동하지 않거나 소외될 때 발하는 신호가 바로 불안이라고 본다. 결국 불안하다는 것은 우리의 욕망을 되돌아보면서 그 욕망의 주체인 나를 되돌아보라는 것이다.

1, 2, 3부가 '나'와 관계된 것이라면 4부는 '타자'와 관계를 어떻게 맺을지를 다룬다. 자아는 고립된 존재가 아니라 타자

와 상호작용 속에서 지속적으로 변하는 것이며, 서로 영향을 주고받기 때문이다. 내가 아무리 나의 욕망에 충실하고, 내 나름의 행복을 추구해도 사회나 타자가 그런 환경을 가로막으면 불행해질 수밖에 없다. 정신장애가 발생하는 것은 인간이 사회적 존재이고, 프로이트가 말한 대로 타자가 주는 고통이 제일 심각하기 때문이다. 타자 중에서도 특히 나와 친밀한 가족, 연인, 친구가 나를 서운하게 하고 힘들게 할 때가 많다. 프로이트(Sigmund Freud)가 『문명 속의 불만』에서 말한 타자가 주는 고통은 나와 밀접한 타자를 말한다. 자아 리셋은 결국 이런 타자와 더불어 잘 사는 문제로 귀결되어야 한다.

그런데 이것은 둘만의 문제가 아니라 공동체 전체의 문제다. 현대사회의 여러 문제는 개인을 지탱해주던 전통적 관계가 붕괴되면서 개인의 고립과 단절이 심해진 것에도 원인이 있다. 사회가 건강하지 않으면 개인이 아프다. IMF와 2008년 금융위기를 거치면서 우리 사회에 '각자도생'의 분위기가 팽배해지고, 1인 가구도 점점 증가하고 있다. '혼밥', '혼술'은 친숙한 용어가 되었고, 남과 관계를 맺기보다는 인터넷을 통한 간접 만남과 거리두기를 선호하는 사람이 늘고 있다. 그러나 사회와 공동체는 우리가 벗어날 수 있는 그런 선택의 문제가 아니다. 팬데믹은 전 세계에 기존의 인간관계와 집단관계를 어떻게 맺고, 변화된 시대에 맞게 어떻게 실현해야 할지 과제를 던져주었다. 백신, 치료제, 국가 간 협동의 문제는 공동체 차원에서 풀 수밖에 없으며, 전통적 공동체가 많이 해체된 지금 국가의 영역은 계속해서 늘 수밖에 없다. 공동체 문제는 그 중요성이 큰 만큼 향후에도 더 많이 연구하면서 새롭게 그 방향을 다뤄보려고 한다.

강연자로서 필자로서 내가 부탁하고 싶은 것은 이 책을 단순히 지적 호기심을 충족시키고, 교양을 쌓을 목적으로 읽지 말아달라는 것이다. 칸트가 강조한 것처럼 철학은 직접 문제를 제기하고 성찰하면서 해결책을 찾는 '철학함'에 그 본질이 있지, 단순히 이론을 공부하는 것이 철학이나 인문학은 아니다. 대학에는 산학협력, 창업과 취업 중심의 분위기가 팽배해지면서 인문사회 계열이 점점 축소되고, 학생들도 컴퓨터 언어나 인공지능 같은 것을 더 많이 배우려고 한다. 자연히 '문송해' 같은 분위기가 만연하면서 인문학의 중요성에 대한 회의감도 늘고 있다. 반면 사회에는 이런저런 형태로 인문학을 강의하는 곳이 늘어나고, 수요도 증가한다. 인문학에 대한 수요가 느는 것은 바람직한 현상이지만 자칫 물질적 여건만으로 부족하니 지적인 것과 문화를 통해 자신을 강화하고 과시하면서 소비하려는 태도는 경계해야 한다.

책의 내용이 다소 교훈적이고 원론적인 부분도 있는데 아무래도 대중 강연이고, 요즘 추세대로 대중이 원하는 조금 더 구체적인 해결책을 강하게 제시하는 과정에서 그런 문제가 발생하는 것 같다. 세상에서 가장 어려운 것이 자기를 이해하고, 자신과 싸우는 것이다. 그러나 인간의 삶은 태어나는 순간부터 외부, 타자, 사회와 끊임없이 관계 맺기의 연속이다. 관계 맺기야말로 많은 고민과 반성이 필요한 실존적 질문이다. 아무쪼록 이 책이 여러분의 현재 모습을 반추하면서 새롭게 보게 하는 거울이 되기를 희망한다. 2년 넘게 우리를 옥죄고 있는 코로나로부터 벗어나 전과 같지는 않더라도 어느 정도의 일상 회복을 바라면서.

2022년 5월

김 석

목차

프롤로그   자아 리셋, 매너리즘에 빠지지 않기 • 004

1.

내 _____ 무의식의 주체는 누구인가 • 021

안의 _____ 자아에 대한 믿음은 언제나 정당할까 • 037

나를 _____ 자아는 몇 개의 창으로 이루어져 있을까 • 050

만나다 _____ 나는 나를 얼마나 알고 있을까 • 064

2.

내 _____ 욕망에 관한 몇 가지 질문 • 081

안의 _____ 플라톤과 스피노자, 들뢰즈의 욕망 이론 • 091

욕망을 _____ 라캉과 욕망의 윤리 • 102

발견하다 _____ 순수 욕망은 어디로부터 오는가 • 118

3.

내 안의 불안을 마주하다

내 안에 검은 그림자가 있다 • 131

불확실한 시대를 살아가는 우리의 불안 • 142

신경증은 왜 사회 질병이 되었나 • 153

불안의 원인과 실존에 관한 이해 • 169

4.

타자와 관계 맺기

왜 인간은 끊임없이 관계를 맺으며 살아갈까 • 185

좋은 관계의 시작, 나와 나의 관계 잘 맺기 • 198

공존과 연대의 모색, 나와 타자의 관계 잘 맺기 • 212

아름다운 삶을 위한 더불어 살기 • 227

주요 키워드 • 244

주석 • 248

내

안의

나를

만나다

1

무의식을
모르는 자는

자기 삶의
주인이 아니다.

무의식의
주체는
누구인가

내가 모르는 나

내가 나를 아는 일은 왜 이렇게 어려울까? 우리는 자기 자신을 안다고 착각하며 살고 있다. 그러나 자아를 정확히 알고 있지 않다면 그것은 나의 일부분만 알고 있는 것과 같다. 최초의 철학자로 알려진 탈레스는 세상에서 가장 어려운 일이 바로 자기 자신을 아는 것이라고 말했다. 철학의 문제를 자연에서 인간으로 돌린 소크라테스는 '너 자신을 알라'를 철학의 출발점으로 삼았다. 나는 나일 뿐인데 왜 나를 아는 일이 이렇게 어렵다고 현인들은 이구동성으로 말했을까?

우리는 자기 자신을 잘 안다고 착각하면서 살지만 사실 자아를 정확히 아는 것은 결코 쉽지 않다. 내가 알고 있는 것은 그저 나의 일부분일 뿐 아주 많은 부분은 자신에게 속으면서 산다고 할 수 있다. 왜 그렇게 될 수밖에 없는지를 이해하기 위해 자아의 본질부터 생각해보자.

흔히 자아는 독립된 나의 실체라고 생각하지만 사실 자아는 관계의 산물이다. 내 안에 있는 무의식, 욕구나 욕망, 충동, 그리고 나를 둘러싼 주위의 환경과 타자들, 이 모든 것이 어우러져 자아를 만든다. 나에 대해 안다는 것은 결국 이런 관계에 대해 인식하고 그 관계를 내 정체성의 중요한 부분으로 수용하는 것이다. 앞으로 총 4부에 걸쳐 무의식과 욕망, 그리고 이런 관계 속에서 느끼는 정서적 불안과 타자와 나의 관계에 대해 알아볼 텐데, 이를 통해 여러분 자신의 자아를 리셋할 수 있는 계기가 되었으면 한다. 그 첫 번째 이야기는 무의식에 관해서다.

1부의 제목처럼 '내 안의 나를 만나다'는 도대체 무슨 뜻일까? '나는 나지, 내가 누구라니?' 이렇게 생각할 수도 있다. 사실 진짜 나의 모습이 어떤 것인지를 찾는 일이 그렇게 자명하지는 않다. 자아의 많은 부분이 무의식이기 때문이다. 무의식은 내가 모르는 또 다른 나의 모습 혹은 캐릭터일 수 있다. 실존주의는 의식과 정체성을 거의 동일시하면서 주체의 자유를 강조하지만 주체의 많은 부분은 무의식이다. 그러면 진짜 나를 이루는 것은 무엇일까? 혹시 내가 알고 있는 '나'의 모습이 잘못되었거나 기만적이지는 않을까? 불교에서는 수행의 한 방법으로 참된 나를 찾는 진여(眞如)를 강조한다. 이것을 정신분석의 관점에서 보면 무의식, 즉 내가 모르는 또 다른 나의 모습으로 생각해볼 수 있다.

"무의식을 모르는 자는 자기 삶의 주인이 아니다." 내가 나를 모를 수도 있다는 문제의식을 보여주는 괴테의 희곡 『파우스트』의 한 대목이다. 나 자신이 내 삶의 주인인 것 같지만 나의 무의식을 모른다면 그건 나의 전부를 아는 게 아니다. 무의식에 대해서는 상당히 많은 연구들이 이루어져왔고, 특히 최근에는 뇌과학 분야에서 무의식에 대한 실증적인 연구가 활발하게 이루어지고 있다.

독일의 생리학자 카를 구스타프 카루스(Carl Gustav Carus)는 "의식의 본질은 무의식 속에서 찾을 수 있다"고 말하고, 철학자 쇼펜하우어(Arthur Schopenhauer)는 "인간은 자신이 알 수 없는 힘에 의해 추동된다"고 말한다. 무언가 나를 움직이지만 그 힘의 정체에 대해서는 알기 어렵다는 것이다. 철학자 니콜라이 하르트만(Nicolai Hartmann)은 "정신적 삶은 의식에서 벗어나는 부분을 포함한다"라고 말하고, 정신분석학자이자 생리학자 프란츠 알렉산더(Franz Alexander)는 "신체 질환은 무의식적 갈등과 연관되어 있다"고 말한다. 내 몸의 어떤 증상이나 고통이 무의식적 갈등과 연관되어 있다는 것이다. 그리고 프로이트는 무의식에 대해 "자아는 자기 집의 주인이 아니다"라고 정의한다. 내가 나의 삶의 주인인 것 같지만 내가 모르는 부분이 나를 움직일 수도 있다는 것이다.

이렇게 무의식이란 내가 알 수 없는 혹은 접근이 불가능한 모습으로 생각할 수 있다. 그런데 여기서 주의해야 할 것이 있다. 무의식이라고 하면 얼핏 로버트 루이스 스티븐슨(Robert Louis Stevenson)의 유명한 소설 『지킬 박사와 하이드 씨』처럼 인간 안에 존재하는 악이나 내가 몰랐던 깜짝 놀랄 만한 캐릭터 등을 떠올릴 수 있다. 하지만 무의식은 그런 것이 아니다. 무의식은 항상 나의 모습으로 내재하고 있는 의식의 일부분이지, 제2의 인격처럼 어딘가 숨어 있다가 갑자기 자신을 드러내는 것이 아니며, 늑대인간처럼 어느 순간에만 나타나는 것도 아니다. 무의식은 이렇게 저렇게 드러나면서 우리 정체성의 핵을 이루는데, 자아에서 무의식에 대해 아는 것이 중요한 이유도 그 때문이다.

나의 일상을 지배하는 또 다른 나

우리는 일상에서 아주 많이 무의식을 경험한다. 무의식은 어떤 식으로 우리에게 모습을 드러낼까? 첫 번째, '비합리성'의 어떤 특징들은 인간이 무의식의 지배를 받는다는 것을 보여준다. 우리는 스스로를 이성적 존재라고 믿는다. 그래서 외부에 대해 또는 어떤 일에 대해 항상 설명하고 판단하려 한다. 나름의 논리성이나 규칙성을 찾지만 어떤 판단을 내리는 순간 결정적으로 비합리적인 모습을 보일 때가 많다. 나는 분명히 올바른 판단을 내렸다고 착각하는 것이다. 착각과 관련해 인지심리학자들이 말하는 고정관념, 선입견, 편견 등은 의식이 포괄할 수 있는 범위가 지극히 제한적이라는 점을 역설적으로 보여준다.

무의식은 우리가 모르는 뇌의 자율적 작용이다. 사람들은 일상 속에서 흔히 데자뷰(기시감)를 경험하곤 한다. 어느 장소에 갔을 때 마치 와본 것 같은 느낌이 드는데 기억이 나지 않을 때가 있다. 무의식적으로 내가 무언가를 아는 것 같지만 그게 무엇인지 모르겠는 이런 경험은 의식의 또 다른 측면인 무의식을 생각하게 한다.

두 번째, '인지'의 특징, 즉 어떤 것을 이해하고 판단하면서 행동의 방향을 결정하는 심적 구조인 프레임 또한 무의식의 지배를 받는다. 프레임(frame)은 아이디어와 개념을 구조화하고, 사유의 방식도 결정한다. 틀을 뜻하는 이 개념은 언어학자 조지 레이코프(George Lakoff)가 사용한 용어로, 우리의 사고와 개념이 무의식에 의해 구조화된다는 뜻이다. 어떤 상황에서 본인이 의식적으로 판단을 내린다고 믿지만, 사실 프레임이 무의식적으로 매우 강력하게 우리의 판단과 개념의 내용과 사유를 최종적으로 결정할 수 있다는 것이다.

예를 들어 '노동시장 유연화'와 '해고의 자유'라는 표현이 있다고 해보자. 사실 이 두 가지 표현은 같은 내용을 담고 있다. 하지만 '노동시장 유연화'가 더 좋은 표현인 것처럼 받아들여진다. 이처럼 어떤 개념으로 상황을 설명하느냐에 따라 동일한 것이 긍정적으로 느껴질 수도 있고 부정적으로 느껴질 수도 있는데, 우리는 그것을 잘 인식하지 못하고 설득되는 경우가 많다. 프레임은 우리의 판단이 무의식과 연관되어 있다는 것을 보여주는 예다.

세 번째, '선택' 역시 무의식의 강한 지배를 받는다. 선택이야말로 나의 의지 아니냐고 반문할 수 있다. 그런데 뇌과학에 의하면 선택 또한 우리의 뇌가 결정한다. 내 판단에 어떤 의식적인 기호가 들어가기 전에 뇌가 먼저 결정을 하고 내가 그것을 뒤따르며 설명하는 식이다. 어떻게 보면 나는 뇌가 결정한 것을 합리화시켜주는 존재다.

　최근 이런 선택의 무의식적 메커니즘을 활용하는 대표적인 분야가 행동주의 경제학의 뉴로 마케팅(neuro-marketing)이다. 소비자가 어떤 특정 상품을 선호할 때 그 상품을 좋아하는 여러 가지 이유를 찾아낼 수 있지만, 사실은 우리도 모르는 숨은 동기가 작용한다는 것이다. 심지어 연인을 선택할 때도 단영 점 몇 초 안에 상대방이 나와 맞는지 안 맞는지를 우리의 뇌가 이미 결정한다. 그런 뒤 '저 사람이 성격이 좋아서라거나, 또는 나하고 뭔가 잘 통하는 것 같아서라거나, 종교가 같아서'라는 식으로 자신의 선택을 합리화한다. 이런 선택의 문제는 인간이 무의식의 지배를 받는 존재라는 것을 보여주는 아주 대표적인 사례다.

　무의식이 존재한다는 것을 보여주는 네 번째 경우는 심리학, 정신의학, 정신분석학 등에 많이 나오는 정신적 장애와 고통이다. 물론 어떤 증상이나 고통은 생리적 이유 때문인 경우도 있다. 예를 들어 기질성 우울증이나 어떤 뇌 손상에 의해 발생하는 환청이나 환각, 망상 같은 것들도 분명히 존재한다. 하지만 우리는 마음의 갈등에서 비롯되는 고통의 원인을 잘 모르는 경우가 많다. 너무 고통스럽기 때문에 정면으로 마주하지 못하고 몸이 아프다거나 강박적 행동을 하는 식으로 불안을 회피하려는 행동들이 나타나기 때문이다. 이때 우리가 설명하지 못하는 어떤 심리적 원인을 무의식을 통해 가정해볼 수 있다.

다섯 번째는 '정체성'이다. 우리가 살면서 많이 듣는 말들 중에 자아실현, 자존감, 자기계발 등이 있다. 현대인들은 성공하기 위해 자기계발에 열중하고, 성공한 사람들을 롤 모델 삼으며 그들처럼 이상적이고 긍정적인 자아를 만들려고 한다. 그런데 한번 곰곰이 생각해보자. 과연 내가 생각하는 나의 모습이 순수하게 나로부터 왔을까?

그렇지 않은 경우들이 대부분이다. 가깝게는 나의 부모와 형제, 그리고 친구, 선배, 스승… 이렇게 나를 둘러싸고 있는 사회의 여러 구조들이 나의 모습을 만들어내는 경우가 많다. 그러다 보면 그 모습이 나의 진짜 캐릭터라고 생각하게 된다.

혹자들은 자기 자신을 알아보기 위해 여러 가지를 탐구하기도 한다. 요즘 유행하는 'MBTI(Myers-Briggs Type Indicator)'가 바로 그런 예다. 일상생활에 활용할 수 있도록 고안된 자기보고식 성격 유형 지표다. 하지만 이런 방법에 의해 어느 정도 자아의 모습이 고정화되었을 때 그것이 진짜 나라고 확신할 수 있는지는 좀 더 생각해봐야 할 문제다.

여섯 번째는 내가 알지 못하는 나의 존재를 체험하는 것이다. 내가 나를 완전히 안다고 하면 문제가 되지 않겠지만, 내가 모르는 혹은 내가 안다고 착각하는 나의 모습이나 아니면 진짜 숨겨진 나의 또 다른 면이 있을 수도 있다는 것을 우리는 여러 경로를 통해 체험하게 된다. 그 순간 우리는 '나한테 이런 모습이 있었나?' 혹은 '아, 이게 내가 원하던 게 아니었나 보네!'라고 느끼게 된다.

한 통계에 의하면 우리나라 사람들의 약 3분의 1 정도가 자기 직업에 만족하지 못하며 살아간다고 한다. 그러면 애초 왜 그 직업을 선택했을까? 사회적 강요에 의한 경우가 많다. 너는 성격상 이런 일이 맞으니 이 일을 하면서 살아야 할 것 같다고 종용하거나 또는 사회적으로 이상화시키는 직업들이 있다. 가령 훌륭한 법률 사무소에 다니는 변호사나 유명한 병원의 의사가 그런 경우다. 그런데 그렇게 이상화된 직업들이 나의 적성이나 성향 등에 맞는지를 진지하게 고민해보기도 전에 무조건 따라하려는 경향이 많다. 그러다 보면 그 선택이 나를 괴롭힐 수도 있고 삶의 의미를 못 찾게 할 수도 있다. 바로 무의식을 통해 그런 문제들을 해결해나갈 실마리를 발견할 필요가 있다.

억압, 그리고 의식과 다른 사유

무의식은 크게 세 가지로 정의할 수 있다. 첫째는 '억압된 것'이고, 둘째는 '의식과 다른 사유', 그리고 셋째는 '사회적 관계 혹은 문명의 산물'이다. 먼저 억압된 것에 대해 이야기해보자. 프로이트는 「무의식에 관하여」에서 무의식에 대해 다음과 같이 정의한다.

> 억압을 통해 어떤 표상이 의식의 전면에 나타나지 않을 때 우리는 그 표상이 '무의식' 상태에 있다고 말한다. 그런데 어떤 표상이 무의식의 상태에 있을지라도 그 표상은 의식에 도달하는 표상과 마찬가지로 나름의 영향력을 행사할 수 있다.[1]

여기서의 키워드는 '억압'과 '의식에 나타나지 않는 것'이다. 무의식을 자칫 의식하지 않는 것 혹은 의식과 전혀 상관없는 것으로 잘못 이해하기 쉬운데, 무의식은 억압되어 있기 때문에 의식에 드러나지 않을 뿐이다. 억압되어 있지만 의식에 대해 계속적으로 영향력을 행사한다. 앞서 살펴본 선택, 그리고 선입견이나 착각 또는 프레임의 문제에서 설명했던 것처럼 우리도 모르는 어떤 숨겨진 동기나 억압된 것들이 슬그머니 작용해 나로 하여금 어떤 결정을 내리게 만드는 경우가 많다.

일상에서도 무의식과 관계된 것들은 아주 많이 찾아볼 수 있다. 프로이트는 무의식의 가장 전형적인 현상으로 꿈을 이야기한다. 특히 한국 사람들은 꿈을 굉장히 좋아하는데, 꿈에 조상을 만나면 복권을 사야 한다거나 돼지가 나오는 꿈을 꾸면 복권에 당첨된다는 식의 이야기를 아주 흔하게 한다. 프로이트는 꿈이야말로 무의식이 보내는 일종의 메시지라고 해석한다. 평소 억압되어 있던 것들이 꿈에서 위장된 형태로 드러나는데, 꿈을 파헤치다 보면 무의식의 단서들을 찾을 수 있다는 것이다.

만약에 무의식이 평생 억압된 채 드러나지 않는다면 우리는 무의식에 대해 이야기할 수 없을 것이다. 하지만 무의식은 계속해서 판단을 통해, 어떤 선택을 통해, 어떤 행동을 통해, 그리고 나도 모르는 기타 여러 가지 정신적 현상들을 통해 드러난다. 예를 들어 농담의 경우를 보자. 농담을 할 때는 다양한 목적이 있다. 분위기를 유쾌하게 만들기 위해 농담을 하기도 하고, 상대방을 공격하기 위해 농담으로 포장된 뼈 있는 말을 할 때도 있다. 또 상대방을 희화화하거나 비꼴 때도 사람들은 쉽게 농담의 형태를 빌린다. 그래서 농담 때문에 상처를 받기도 한다. "어떻게 그런 심한 말을 할 수 있어?"라고 하면 "에이, 농담이야!"라며 얼버무린다. 하지만 우리는 그것이 농담이 아니라는 것을 본능적으로 알 때가 많다.

그리고 여러 가지 실착 행동들도 있다. 실착 행동이란 예를 들어 내가 싫어하는 사람이 나한테 무언가를 주면 나도 모르게 그 싫어하는 사람이 준 물건을 잃어버리는 경우들이 생길 수 있다는 것이다. 가령 부부싸움을 심하게 한 뒤 배우자가 사준 생일 선물을 어디에 두었는지 기억하지 못하는 경우가 실착 행동이다. 배우자에 대한 미움이나 서운함이 배우자가 준 선물에 투사되어 자기도 모르게 기억에서 없애버린 것이다. 내가 그런 것이 아니라 무의식이 그런 것이다 보니, 자

기가 둔 것을 기억하지 못하는 실수처럼 느끼지만 실수가 아
니다.

그리고 증상들, 특히 우울증이나 강박증, 불안장애 등도 무
의식적 갈등을 보여주는 아주 확실한 증거다. 현대 뇌과학은
이런 것들을 신경생리학적 메커니즘을 통해 규명하고, 이런
갈등들이 우리에게 치명적인 고통을 주거나 인격적으로 문제
를 만드는 것에 대한 치료 방법을 연구한다.

무의식의 두 번째 정의는 '의식과 다른 사유'다. 예를 들어
나는 의식적으로 누구를 좋아한다고 생각하지만 무의식적으
로는 그 사람을 미워할 수도 있고, 그 반대의 경우도 있다. 프
로이트는 「정신분석에서의 무의식에 관한 노트」에서 다음과
같이 이야기한다.

말하자면 '무의식'은 일반적으로 잠재적인 생각을 지칭
하는 것일 뿐만 아니라 특히 어떤 역동적 성격을 지닌
생각들, 즉 그 힘의 강도나 활동성에도 불구하고 의식
에서 멀리 떨어져 있는 생각들을 가리키기도 하는 것이
다.[2]

여기서의 키워드는 '역동성'이다. 의식은 그것을 눈치 채지 못하지만 아주 강하게 우리를 지배하며, 부정할 수 없는 강도나 영향력을 행사해 우리를 파탄시키기도 한다. 예를 들어 내가 싫어하는 사람이라도 예의나 사회적 평판 때문에 그에게 매우 우호적으로 대할 수 있다. 하지만 무의식적인 것들이 보이지 않는 적대적 감정을 만들 수도 있다. 또 나도 모르는 엉뚱한 행동들을 하게 해 결국은 그로 인해 파탄에 이르게 할 수도 있다.

프로이트는 내가 아는 장면이 아니라 나에게 낯설고 설명할 수 없는 '또 다른 장면'으로 무의식을 정의하기도 한다. 프로이트가 꿈을 무의식의 가장 전형적인 현상으로 꼽는 이유도 이 때문이다. 꿈에서는 평소에 전혀 생각하지 못했던 일들이 벌어지기도 하고, 내가 만나리라 생각하지 못했던 사람의 이미지나 장면들이 연출되기도 한다. 그런 장면이 우연히 나타나는 것 같지만 사실은 의식의 틈을 뚫고 나오는 무의식의 작용들이다. 그리고 이런 것들이 바로 무의식이 존재한다는 하나의 증거다. 특히 상담에서는 이 꿈이 굉장히 중요한 역할을 한다. 꿈 자체가 무의식은 아니지만 꿈의 단편들은 무의식으로 향하는 일종의 문과 같은 것이다.

무의식의 세 번째 정의는 '사회적 관계 혹은 문명의 산물'이다. 만약에 인간이 혼자 사는 존재라면 혹은 얼마든지 자발적 고립이 가능한 존재라면 이런 무의식은 생기지 않았을 것이다. 무의식은 의식이 꺼리는 것 혹은 의식화되어서는 안 되는 것, 그리고 사회가 금기시하는 것이다. 그래서 주로 우리의 도덕적 판단이나 인격적인 부분, 그리고 보통 사회적 예의라는 부분들이 무의식의 내용을 이루는 경우가 많다. 결국 인간이 문명 속에서 살아가다 보면 부득불 억제하거나 억압해야 하는 것들이 많기 때문이다.

예를 들어 노르베르트 엘리아스(Norbert Elias)의 문명화 이론을 보면 인간의 자연적 생리 현상들, 즉 침을 뱉는다거나 소변을 본다거나 하는 행위들이 원래는 자유롭게 발산되다가 16세기 무렵부터 예의에 의해 통제되기 시작했다. 그렇게 내가 가지고 있는 어떤 충동이나 욕망 혹은 공격성이 사회에 의해 억제되면 그런 것들이 무의식으로 나타날 가능성이 있다. 프로이트의 대전제에 의하면 억압된 것은 절대로 사라지지 않는다. 사라지지 않고 꿈이나 실착 행위 혹은 망각이나 나도 설명할 수 없는 행동들을 통해 무의식이 드러나는 것이다. 이런 무의식의 작용은 분명 나의 정체성의 중요한 부분이지만 우리는 그것을 애써 외면하며 억압할 수 있다.

그렇기 때문에 무의식을 연구할 필요성이 생기는 것이고, 그런 필요성을 학문적으로 깊게 천착해 들어가다 보면 결국 프로이트처럼 정신분석학이라는 새로운 학문을 만들어내게 된다. 오늘날 우리가 무의식에 대해 많은 이야기를 할 수 있는 것은 이런 선구적 연구 성과들이 있었기에 가능한 일이다.

자아에 대한
믿음은
언제나 정당할까

수상한 자아

무의식이 자아의 상당 부분을 이루고 있다면 우리는 나에 대해 잘 알기 힘들 뿐 아니라 나도 모르게 무의식의 지배를 받으면서 통제되지 않는 엉뚱한 행동을 할 수도 있다. 자아는 의식이자 외부로 드러나는 성격적인 부분으로 정체성 형성에 중요한 기능을 하지만 그것이 전부는 아니다. 나의 믿음, 가치관, 나의 행동의 목표를 통일시켜주는 것이 자아다. 나의 성격은 어떻고, 내 삶의 목표는 무엇인지에 대해 이야기할 때 항상 등장하는 것이 자아 개념이다. 만약에 자아의 상당 부분이 무의식이라고 가정해보자. 그러면 오히려 내가 알고 있는 것 혹은 내가 믿고 있는 것이나 내가 하고자 하는 것들이 정작 나와 안 맞을 수도 있고, 또는 억압되어 있던 그것이 나도 모르게 불만으로 다가올 수도 있다. 진짜 내가 원하는 것을 하지 못하면 어떤 식으로든 계속해서 억압된 것이 자기를 드러내기 때문에 심리적 갈등을 낳게 된다.

예를 들어 공부를 꽤 잘하는 친구가 있다고 가정해보자. 그런데 이 친구의 꿈은 연극배우나 예술가가 되는 것이다. 하지만 이 친구는 자신의 꿈을 저버리고 부모님의 바람대로 사회가 선망하는 직업을 선택했다. 실제로 우리 사회에서 이와 비슷한 사례를 흔하게 볼 수 있다. 그런데 남들이 보기에는 굉장히 부러워할 만한 일을 하지만, 정작 자기 자신은 만족하지 못하고 끊임없이 어떤 상실감이나 공허함을 느끼며 살아간다. 이런 경우 우리는 자아의 많은 부분이 소외되어 있다고 가정할 수 있다.

자아라는 것을 정확하게 알기 위해서, 또는 나의 자아를 리셋하기 위해서는 의식만이 아니라 의식의 상당 부분을 차지하고 있는 무의식을 먼저 이해해야 한다. 무의식은 또 다른 자아가 아니라 자아 속에 숨어 있는 자아의 본질일 수도 있기 때문이다.

자아는 일종의 색안경으로 정의할 수 있다. 예를 들어 짙은 녹색의 선글라스를 끼면 세상이 온통 녹색으로 보인다. 그리고 새까만 안경을 쓰면 한낮인데도 불구하고 세상이 어둑어둑하게 보인다. 이때 자아는 색안경을 끼고 바깥을 보는 존재가 아니라 안경 그 자체일 수 있다.

자아는 외부 세계를 있는 그대로 보여주는 것이 아니라 내가 보고 싶어 하는 대로 보게 하는 색안경일 수밖에 없다는 것을 보여주는 좋은 예가 있다. 2021년에 개봉한 아담 멕케이 감독의 영화 〈돈 룩 업〉이다.

영화의 줄거리는 복잡하지 않다. 천문학과 대학원생 케이트 디비아스키는 여느 때처럼 천체를 관측하다가 지구와 충돌하는 궤도에서 맹렬하게 달리는 혜성을 발견한다. 담당 교수 랜들 민디는 계산을 통해 정확히 6개월 후 에베레스트 산 크기의 혜성이 지구에 떨어져 지구가 파괴되고 인류가 멸종할 수 있다는 것을 알고 경악한다. 이들은 이 중요하고 긴급한 사실을 알리지만 사람들은 여러 이유로 이들을 불신한다. 이들의 주장은 과학적 검토를 통해 참과 거짓을 충분히 확증할 수 있는 것으로 애초 논쟁의 대상이 되지 못한다. 하지만 사람들은 각자의 입장 때문에 과학자들의 소리에 귀를 닫는다. 나중에는 주인공을 지지하는 사람들과 이들을 거짓말쟁이이자 대중의 관심을 끄는 선동꾼으로 모는 사람들이 충돌하는 희한한 양상까지 벌어진다.

이 영화를 통해 내가 강조하고 싶은 것은 자신의 신념에 따라 사태를 바라보는 자아의 속성과 그것이 소통에서 얼마나 큰 비극을 초래하는가이다. 정치적 이해타산의 논리에 따라 표 계산에만 빠진 대통령은 처음에는 지구 종말이 온다는 주인공의 경고에 시큰둥하게 반응하다가 선거가 불리해지자 혜성의 지구 충돌을 이슈화하면서 이를 쟁점화한다. 언론도 처음에는 하나의 가십거리처럼 이를 다루다가 정치권이 나서자 그제야 호들갑스럽게 이것을 시청률 상승의 소재로 활용하기 시작한다. 나중에는 혜성이 가시권 안에까지 들어왔지만 사람들은 이를 외면(Don't look up)하면서 과학기술을 통해 모든 문제가 해결되리라고 철석같이 믿는다.

영화적 과장이 없진 않지만 우리의 현실도 그 모습이 별반 다르지 않다. 미디어가 고도로 발달하고 정보가 넘치는 오늘날 오히려 대중들은 진실에 대해 눈을 감는 경우가 많다. 자신이 보고 싶어 하고, 믿고 싶어 하는 것만 사실로 받아들이기 때문이다. 눈앞에 지구를 향해 돌진하는 혜성(진실)이 있지만 우리에게 닥친 재앙을 한사코 부정하는 심리나, 당장 내일 인류의 종말이 온다 해도 오늘 순간의 쾌락에 몸을 맡기는 태도를 보이는 자아를 우리는 합리적 존재라고 말하기 힘들다. 〈돈 룩 업〉은 고도의 미디어와 정치 풍자 영화이지만, 자아의 본성에 대해서도 다시 생각하게 해주는 영화다.

또한 자아는 망원경에 비유할 수 있다. 망원경의 렌즈를 통해 바라보는 곳은 아주 잘 보이지만 망원경에서 벗어나 있는 부분은 아예 눈에 들어오지 않는다. 이를 망원경 효과라고 한다. 예를 들어 우리 사회에 어려운 이웃들이 많지만 매체를 통해 조명된 일부만이 우리의 관심을 받는다. 그들의 이야기가 매체를 통해 전파되면 순식간에 사회 곳곳에서 도움이 손길이 전해진다. 하지만 조명을 받지 못한 훨씬 더 많은 어려운 사람들은 우리의 관심에서 멀리 있다.

자아는 이렇게 클로즈업된 것만 보고 믿으며, 그렇지 않은 것에 대해서는 마치 그것이 없는 것처럼 믿는다. 자아는 지극히 단편적이며, 자신의 기호나 가치관에 따라 다르게 보일 수 있다. 그렇다 보니 자아가 판단하는 것을 곧이곧대로 진실이라고 믿기에는 의문스러운 면이 있다.

오류의 근원, 속이는 자아

결국 자아는 색안경이며 속이는 당사자다. 우리는 하루 동안에도 많은 거짓말을 하며 살아간다. 심리학자들의 통계에 따르면 인간은 하루에 200번이 넘는 거짓말을 한다. '그렇게나 많이?' 하며 깜짝 놀랄 수도 있다. '에이 설마, 나는 거짓말을 안 하는데'라고 생각할 수도 있다. 하지만 그 말조차도 거짓일 수 있다. 그러므로 자아를 의심할 필요가 있다.

사람들이 흔히 하는 거짓말은 지각을 하거나 약속 시간에 늦었을 때다. 차가 밀려서, 전철이 고장 나서, 서류를 두고 와서 등등 이런 거짓말의 사례는 부지기수다. 그런데 니체는 인간이 제일 많이 하는 거짓말은 이런 종류의 변명이 아니라 자기기만이라고 말한다. 다시 말해 내가 나 자신에게 하는 거짓말이다. '모든 게 다 좋아질 거야.' 매우 긍정적인 말 같지만 사태를 잘못 판단하게 할 수도 있다. 예를 들어 굉장히 상황이 꼬이고 있는데, 특히 리더의 자리에 있는 사람이 '모든 게 좋아질 거야'라고 영화 〈돈 룩 업〉처럼 잘못 판단한다면 아주 치명적인 결과를 가져올 수 있다.

자기기만은 외부의 상황을 스스로 자기 자신에게 왜곡시켜 전달하는 것이다. 그런데 왜곡하는 이유가 있다. 사실 자아는 자기를 지키려고 이런 외부 상황을 자기에게 유리하게 해석하는 경향이 있다. 예를 들어 복권을 산 사람에게 왜 샀는지 물어보면 대개는 당첨이 될 것 같아서라고 말한다. 그 근거를 물어보면 명확하게 답하지 못하고 그냥 될 것 같은 느낌이 들어서라고 대답한다. 근거 따위는 아예 존재하지조차 않았던 것이다. 이런 경우도 자기기만이다.

속이는 자아의 또 다른 모습은 선입견이다. 우리는 흔히 어떤 특정한 사람들을 상대로 선입견을 갖는다. 예를 들어 얼굴이 착하게 생기면 성격도 좋을 거라고 판단한다. 하지만 실제로 그 사람은 성격이 안 좋을 수도 있다. 또 흑인들은 모두 다 운동을 잘할 거라고 판단하지만 모든 흑인들이 다 운동을 잘하는 것은 아니다. 그리고 비만인 사람을 보면 덮어놓고 게으를 거라고 판단한다. 하지만 그 사람의 일상을 직접 들여다보기 전에는 실제 그런지 아닌지 알 수도 없고, 누구도 쉽게 판단해서는 안 된다. 그런데도 우리는 너무 많은 선입견과 고정관념을 가지고 있다.

이런 선입견과 고정관념으로부터 성차별, 인종차별, 종교 차별 같은 차별이 생겨난다. 한국 사람들은 어떻고, 미국 사람들은 어떠하며, 중국 사람들은 어떠하다고 쉽게 규정하고 일반화한다. 물론 자신의 경험을 통해 터득한 사실일 수도 있다. 하지만 그것을 진실이라고 믿기 시작하면 판단에 크나큰 오류를 범하게 된다.

편견도 마찬가지다. 편견이라는 것은 말 그대로 치우친 판단이다. 가장 오래된 편견 중의 하나가 성차별이다. 오래전부터 사람들은 흔히 여자는 이런 일을 하면 안 된다거나 남자가 왜 그런 일을 하느냐는 식의 비뚤어진 판단을 해왔다. 그런데 대체로 이런 편견의 근원을 보면 거기에는 자아가 있다. 어떤 좋지 않은 경험으로 인해 무언가를 싫어하는 경우가 많은데 그런 경험을 일반화하는 것이다. 예를 들어 내가 경상도 사람을 만났는데 그 사람이 무뚝뚝했다면 나는 경상도 사람은 다 무뚝뚝하다고 생각해버린다. 이런 것들이 속이는 자아의 단적인 예다.

그래서 우리가 이런 것들을 정확하게 알면 결국 스스로 자기 자신을 신뢰하는 데에 조금 더 신중해질 수 있다. 하지만 이런 이해 없이 내가 믿고 경험하고 확신하는 것이 모두 진실이라고 생각한다면 자기중심성에서 벗어나지 못한다. 그래서 소크라테스는 가장 알기 어려운 것이 '나 자신'이라고 주장하면서, 철학의 출발점으로 '너 자신을 알라'고 이야기한 것이다. 세상에 대해 질문을 던지기 전에 늘 질문하는 자기 자신을 의심할 필요가 있다. 17세기 프랑스 철학자 데카르트는 그렇게 해서 근대의 문을 열었다.

거울 이미지와 자아

자아는 거울상이기도 하다. 거울을 들여다보면 거기에는 나의 모습이 비춰진다. 거울은 나의 모습을 지극히 객관적으로 비춰주는 것 같지만 나의 심리 상태에 따라, 그리고 내가 가지고 있는 감정과 생각에 따라 나의 모습이 다르게 보인다. 왜냐하면 자아에는 실제 나의 어떤 주관적인 면으로 작용하는 주체적인 자아와 남들에게 보이고 남들에 의해 판단되는 객관적 자아가 있기 때문이다.

미국의 유명한 실험 철학자이자 심리학자인 윌리엄 제임스(William James)는 자아는 경험의 주체로서의 나와 경험의 객체로서의 나로 분할된다고 말한다. 의식과 무의식도 자아의 분할상을 잘 보여준다.

그런가 하면 이상적 자아와 현실 자아도 있다. 현실 자아는 어떻게 보면 지금의 나의 모습이다. 그리고 실제 나의 능력이나 적성, 또 내가 할 수 있는 어떤 주관적인 측면들이다. 반면 이상적 자아는 내가 닮고 싶어 하고 목표로 삼는 것들, 그리고 내가 부러워하는 자아들이다. 그런데 누구를 막론하고 이 이상적 자아와 현실적 자아 사이에는 어느 정도 괴리가 존재한다.

문제는 이 괴리가 지나치게 심해지면 한 개인으로서 소외감을 느낄 수도 있고, 점점 더 심해지면 과대망상증으로 발전할 수도 있다. 예를 들어 현실적으로는 전혀 그렇지 않은 사람인데 자기 스스로를 지나치게 높이 평가하면서 천재인 자신을 세상이 알아보지 못한다고 원망하는 경우다. 사람들은 보통 자신의 자아상뿐만 아니라 나와 연관된 것들에 대해서는 주관적인 것을 투영하기 마련이다. 고슴도치도 자기 새끼는 예쁘다고 하듯이 내 자식은 무조건 예쁘다고 하는 것도 같은 맥락이다. 이런 사례는 이상적 자아와 현실 자아가 늘 일치하지 않는다는 것을 여실히 보여준다.

건강한 자아상을 가진 사람은 현실 자아와 이상적 자아의 괴리가 그리 크지 않은 사람이다. 반면 불건전한 자아 또는 심리적으로 취약한 자아상을 가진 사람들은 현실 자아와 이상적 자아의 괴리가 매우 크다. 그 괴리가 너무 크다 못해 서로 완전히 다른 이상적 자아와 현실 자아가 부딪히면 결국 심적 갈등이 감당할 수 없는 정도로까지 퍼져나간다.

정신분석학자인 자크 라캉(Jacques Lacan)은 자아를 거울의 이미지로 설명한다. 거울은 내가 보고 싶어 하는 것 혹은 나의 기분을 담는다. 객관적인 것 같지만 사실 거울은 결코 객관적이지 않다. 거울을 들여다보면 내 모습이 비치지만 그것은 이미지에 불과하다. 하지만 우리는 이 이미지를 실제 자기라고 믿고 온갖 애착과 정서를 거기에 투영하면서 자아상을 중심으로 내 주변의 것을 배치하고 바라본다. 자아 자체가 원래부터 있던 것이 아니라 심리적 동일시와 주관적 애정과 평가의 산물인데 이를 정체성의 핵심이자 출발점처럼 믿는 것이다. 거울 이미지가 아닌 진정한 자신을 보아야 한다. 자아는 처음부터 자명하게 있는 그런 의식이 아니라 거울이 만드는 상이다. 거울이 보여주는 것은 한갓 이미지에 불과하며 실제 내 모습을 그대로 보여주지 않는다. 이미지는 얼마든지 상상과 변형이 가능하고, 심리적인 측면을 반영하지만 실제 나는 그런 이미지에 의해 만들어지지 않는다. 결국 자아를 리셋하기 위해서는 먼저 자아의 이런 본질과 구조를 알아야 한다.

건강한 자아는 어떤 자아인가? 단순해 보이지만 상당히 어려운 질문이다. '건강한 자아'라는 말 자체에 어폐가 있다. 자아라는 것은 실체가 아니라 실은 텅 빈 이미지일 뿐이기 때문이다. 위에서 거울상이 자아라고 했는데, 건강한 자아라는 말에는 일정 부분 이상화된 자아상을 전제로 한다. 이상화된 자아상에는 타인의 평가가 반영되기 마련이다. 그렇기 때문에 사실은 타인의 시선이 어떠하든 나에게 맞는 것이 가장 좋은 자아다.

그런데 거울상이 우리에게 돌려주는 것은 타인의 평가나 타인의 시선, 타인의 욕망이 반영된 이마고(imago)다. '나는 이런 사람이어야 한다'고 생각하며 사는 것은 나의 삶이 아니라 타인을 위한 삶이다. 철학자 장 폴 사르트르(Jean Paul Sartre)는 "타인은 지옥이다"라고 말했다. 늘 타인의 시선을 의식하는 삶은 괴로울 수밖에 없다. 우리 사회가 힘든 것은 물질적인 부족함 때문이 아니다. 물질적 풍요는 상당히 많이 이루었지만 끊임없이 남과 나를 비교하다 보니 부족하다고 느끼는 것이다. 내가 가진 것도 충분히 넉넉하지만 나보다 더 많이 가진 사람을 보면 순간 상대적 박탈감에 바닥으로 내동댕이쳐진 느낌이 든다.

자신을 돌아보고 목표에 견주어 비교하는 현상이 무조건 나쁜 것은 아니지만 나에게 맞는 나의 자아를 만들어야 한다는 이야기다. 그런데도 우리는 자꾸만 이상화된 자아를 그리는 경향이 있다. 건강한 자아는 이런 것이라고 정의할 수 있는 실체가 아니라 소크라테스의 탐구처럼 나 자신을 알고자 문제 제기를 하는 태도 그 자체다. 이상화된 자아는 어쩌면 소외된 자아일 가능성이 크다. 내가 나를 잘 알고 있는가? 나의 욕망은 진짜 나의 욕망인가? 이렇게 질문을 던지는 것이 건강한 자아를 만드는 출발점이다.

자아는
몇 개의 창으로
이루어져 있을까

조하리의 창

심리학뿐만 아니라 요즘엔 철학, 행동주의 심리학, 뉴로 마케팅 등의 분야에서도 무의식에 대한 연구가 활발하게 진행되고 있다. 무의식이나 우리가 미처 지각하지 못한 것들이 인간의 행동과 특정한 태도, 그리고 감정을 결정하는 경우가 많기 때문이다. 그렇다 보니 정체성과 성격 같은 나 자신에 대한 관심도 커졌다.

그런데 나 자신을 알기 위한 이런 노력은 사실 무의식에 의해 상당히 왜곡되고 방해받을 위험이 있다. 정신분석에서 무의식을 이야기할 때는 '나'의 상당 부분이 왜곡되어 있다는 것을 전제로 한다. 무의식을 탐구할 때도 무의식이 사유의 과정에 구조적으로 작용하기 때문에 타인의 평가나 내가 경험한 것을 무비판적으로 자아의 본질이라고 믿으며 착각하기 쉽다.

심리학에 조하리의 창(Johari's Window)이라는 이론이 있다. 미국의 심리학자 조셉 루프트(Joseph Luft)와 해리 잉햄(Harry Ingham)이 1955년에 발표한 논문으로, 대인관계에서 자신이 어떻게 보이고, 어떤 성향을 가지고 있는지를 중심으로 자아를 파악할 수 있도록 만든 심리학 이론이다. 두 사람의 이름을 조합해 '조하리의 창'이라고 부른다. 자아 이론뿐 아니라 리더십과 관련해서도 많이 활용되는 유명한 이론이다. 물론 이 이론을 전적으로 지지하는 것은 아니다. 이 이론과 정신분석적 입장이 중첩되는 부분도 있지만 분명한 차이점도 있기 때문이다. 그럼에도 살펴볼 가치는 있다.

조하리의 창

	자신이 아는 부분	자신이 모르는 부분
타인이 아는 부분	열린 창(open area)	보이지 않는 창(blind area)
타인이 모르는 부분	숨겨진 창(hidden area)	미지의 창(unknown area)

'조하리의 창'은 표에 구분해놓은 것처럼 자아를 자신이 아는 부분과 모르는 부분, 그리고 타인이 아는 부분과 모르는 부분, 이렇게 네 개의 창으로 나눈다.

첫 번째는 열린 창(공개 자아)으로 자신과 타인이 모두 아는 측면을 말한다. 예를 들어 내가 어떤 사람인지에 대해 나는 물론이고 주변의 친구들이나 가족들도 잘 알고 있는 사항이다. 주로 나에 대한 신상정보나 외형적 특징이 여기에 속한다.

두 번째는 숨겨진 창(은폐 자아)으로 자신은 알지만 남은 모르는 자아다. 나의 어떤 부분을 타인에게 공개하지 않는 것이다. 예를 들어 지극히 내성적인 성격의 사람인데 겉으로는 외향적으로 보여야 하는 경우가 있다. 직업이나 업무 특성상 그런 경우가 흔히 있는데, 자신의 내성적인 부분이 드러나면 관계에 부정적 영향을 끼칠 수 있다고 생각하기 때문이다. 그래서 타인들이 눈치 채지 못하도록 자신을 감추는 것이다.

세 번째는 보이지 않는 창(눈먼 자아)으로 나는 모르지만 남들은 아는 내 모습을 말한다. 예를 들어 "난 그런 사람이 아니야"라고 말하지만 오랫동안 보아온 주변의 모든 사람이 "너는 그런 사람이야"라고 말하는 경우다. 나보다 더 나를 잘 아는 것이다. 나는 모르는데 남들은 아는 부분을 보이지 않는 창이라고 한다. 그런데 여기에는 부정적 의미만이 아니라 긍정적 의미도 있다. 예를 들어 선생님이 학생 자신도 모르고 있던 어떤 재능을 발견해 "너는 이 분야에 엄청난 소질을 가지고 있구나!"라고 말해줄 수도 있다. 그러면 그 학생은 미처 몰랐던 자신의 뛰어난 재능을 갈고 닦아 새로운 자기계발을 할 수도 있다.

네 번째는 미지의 창(미지의 자아)으로 나도 모르고 남도 모르는 자아 영역을 말한다. 나 스스로 '나한테 이런 면이 있었나?' 하고 놀랄 때가 있고, 또 남들이 "너한테 이런 면이 있었어?" 하고 놀라기도 한다. 미지의 창이 많을수록 자신을 새롭게 발견하며 발전시킬 가능성이 많다.

조하리의 창은 자아의 구조적 측면을 이해하는 데에 도움을 주지만 인지적 정보를 주된 기준으로 삼는다는 점에서 무의식을 정체성의 중요한 부분으로 여겨 자기와 관계 자체를 역동적으로 모색하는 정신분석학과는 강조점이 많이 다르다.

나와 관계 맺기

보통은 자아를 이렇게 네 가지로 나누는데, 가장 건강한 자아는 남들이 인정하는 나와 내가 인정하는 나의 모습이 일치하는 경우다. 완전한 일치는 아니더라도 비슷하게 일치해야 건강한 자아다. 예를 들어 남들은 나를 아주 정직한 사람으로 알고 있는데 실제의 나는 그렇지 않다면 그 사람은 사기꾼이거나 범죄자다.

'조하리의 창' 이론은 자아를 이해하는 데에 상당한 설득력이 있는 반면, 자아의 특징이나 성격을 객관화시키며 중시하는 단면이 있다. 예를 들어 열린 창의 요소인 이름, 성별, 외모적 특징 등은 단순 정보에 불과한데 자아의 중요한 부분인 것처럼 전제하는 것이다. 보이지 않는 창도 주변에서 나의 모습을 오해하거나 정형화시킬 수 있어서 늘 정확하다고 보기는 힘들다. 네 번째인 미지의 창이 정신분석학에서 말하는 무의식과 가장 흡사해 보인다. 하지만 자아의 성격을 어느 정도 고정시켜 이야기한다는 단점도 있다. '조하리의 창'은 마치 개인이 고정된 특성이나 남과 구별되는 유형을 가지고 있는 것처럼 전제하면서 네 부분을 나누는 것이다. 그래서 열린 창, 숨겨진 창, 보이지 않는 창, 미지의 창은 약간의 차이는 있지만 자아를 고정된 단위로, 그리고 어느 정도 확실한 것으로 가정하는 용어들로 전형적인 심리학적 방법이라고 할 수 있다.

그런데 실은 조하리의 창이 말하는 미지의 창과 무의식은 많이 다르다. 무의식은 나에 대해 몰랐던 것을 누군가 너의 모습은 이러하다며 나에 대해 발견한 점을 알려줌으로써 새롭게 알 수도 있는 그런 것이 아니다. 오히려 네 개의 자아 중 세 번째 '눈먼 자아'가 무의식에 더 가깝다고 할 수 있다. 내가 굳이 들여다보지 않으려는 내 모습, 의식하지 않지만 남들과의 관계에서 드러나는 엉뚱한 특성 등이 눈먼 자아에는 들어 있다. 왜 내 모습이 보이지 않을까? 자아의 모습을 스스로 정형화시키기 때문인데 이것은 실제 자아의 본질이기보다는 상상적 자아에 가깝다.

상상적 자아를 만드는 요인은 여러 가지가 있다. 그중 가장 중요한 것은 내가 나에 대해 가지고 있는 나르시시즘적 태도다. 나르시시즘(narcissism)이란 자아의 이미지를 절대화하면서 나를 중심으로 다른 사람이나 세계를 바라보는 심리다. 우리 속담에 '우물 안 개구리'가 바로 나르시시즘적 태도를 잘 보여준다. 자아의 창에 갇혀 있다 보니 사태를 객관적으로 보려 하지 않는 것이다.

미지의 창 또한 조금 관점을 바꿔 해석하면 무의식과 통하는 점이 있다. 무의식을 인지적 차원으로 보면 그렇다. 하지만 무의식은 우리가 잘 몰랐던 나에 대한 정보가 아니라 구조적으로 알지 못하는 심리적 부분이자 또 하나의 우리의 본질이기도 하다.

자아의 모습은 내적 속성이나 남들의 평가로 규정되는 것이 아니다. 남들과 나 그리고 여러 가지 관계들, 즉 이미지, 감정, 언어, 타자 등이 종합적으로 어우러져 자아를 만든다. 그리고 이 관계들은 늘 가변적이기 때문에 무의식을 인정하는 입장에서 보면 고정된 자아란 존재하지 않는다. 그래서 자아에 대한 관계를 잘 맺으려는 노력이 중요한 것이지, 자기를 발견해 어떤 정형화된 모습으로 만들려고 하는 것은 올바른 해법이 아니다.

자아의 모습을 이루는 요소로는 우선 남들이 나에 대해 갖는 이미지 혹은 내가 보여주고 싶어 하는 이미지, 그리고 자신에 대한 감정들이 있다. 나에 대한 감정이라고 하면 자존감이나 나르시시즘을 떠올릴 수 있는데 이외에도 여러 가지 복잡한 감정들이 있다. 열등감, 자존심, 자기연민 등 다양한 감정이 자아를 이루며 여러 특징을 만든다. 그리고 또 나와 관계 맺는 타자, 나를 대하는 타자가 아니라 나와 늘 관계 속에 놓여 있는 타자 등이 어우러져 정체성으로도 나타나고, 또 자기의 성격이나 외적인 어떤 모습으로도 나타난다. 정체성에는 언어도 크게 작용하는데 언어를 통해 우리는 나 자신을 인식하고, 표현하며 사회로부터 인정받기 때문이다.

언어의 구조가 다른 것처럼 문화권마다 자아상 형성과 소통에 작용하는 언어적 작용이 다를 수 있다. 민족성이나 나라마다 문화적 특성이 다른 것을 언어 구조의 차이를 통해 설명할 수도 있다. 예를 들어 우리말은 감성에 관계된 부분이나 형용사가 발달한 반면, 독일어는 시제나 동사분절이 더 발달해 있고 정교해서 집단 정서가 많이 다르기도 하다.

우리나라 사람들은 사태를 합리적으로 설명하는 것보다 감성적으로 보고 표현하는 것에 더 익숙한데, 시나 노래가 발달한 것이나 예술적 감수성이 풍부한 것은 우리말과 연관성이 있다고 할 수 있다. 마찬가지로 독일에서 철학이 발달한 것도 동사가 전철과 후철로 분절되고, 시제가 복잡해 훨씬 논리적인 독일어의 특성과 무관하지 않을 것이다. 물론 이 말이 한국인은 감성적 자아를 가지고 있고, 독일인은 합리적 자아를 가지고 있다는 말은 아니지만 어느 정도의 상관관계를 부정하기는 힘들 것이다.

개인적 차원도 비슷하다. 개인이 어떤 말을 많이 사용하고, 어떤 표현을 반복하는지는 우리의 인격이나 특성에서 중요하다. 또 언어는 사회적인 것이기 때문에 드러내기를 꺼리는 부분이 많거나 사회적 기준에 비춰 나의 특징이 부정적이면 그것을 억압하면서 무의식으로 침잠한다. 그렇기 때문에 이 모든 것을 복합적으로 고려하지 않고 어떤 모습은 드러나 있고, 어떤 모습은 드러나 있지 않다는 식의 고정된 실체로 자아를 가정하다 보면 자기계발에는 도움이 될지 모르나 나의 근본적인 것과 관계를 맺는 것은 아니다.

나르시시즘, 망상 혹은 자기중심성

상상적 자아는 나르시시즘을 토대로 한다. 아동들을 대상으로 하는 교육학에는 자존감(self-esteem)을 강화하라는 이야기가 상식처럼 강조된다. 자존감이 높으면 리더십도 강해지고, 야망도 키우는 등의 긍정적인 면이 있다. 하지만 그보다 더 중요한 것은 상상적 자아가 되지 않기 위해서는 자기효능감(self-efficacy)에 기초를 두어야 한다는 점이다. 다시 말해 정확한 나의 성격과 장점을 앎으로써 그것에 대한 자신감이 발현되는 것이 자존감의 본질이다. 자신의 본모습을 보지 않고 자기최면을 하듯 '나는 최고야. 나는 굉장히 멋있는 사람이야. 나는 모든 걸 할 수 있어'라고 하는 것은 부풀려진 자아이자 사회가 이상화한 이미지를 투영해 나라고 믿는 상상적 모습, 즉 속이는 자아에 가깝다.

이와 같은 부풀려진 자아를 갖게 되면 공격성이 발휘되기 쉽다. 미국이나 유럽 등에서 아시아인들을 상대로 하는 끔찍한 테러가 많이 일어나고 있는데, 그 이유를 여러 가지로 설명할 수 있지만 지나친 우월감과 이를 따라가지 못하는 자아의 좌절이 공격성으로 표현된다고 말할 수도 있다. 오랫동안 자신을 미국의 주류로 믿어온 백인들이 경제 상황이 바뀌고, 아시아인들의 사회적·국제적 지위가 높아지면서 자신들의 자존심이 상처를 입자 이런 좌절감을 혐오적 공격성으로 표출하는 것이다.

백인 하류층일수록 특히 이런 좌절감과 분노가 심하다. 역사적으로 미국은 노예제도를 가졌으며, 오랫동안 백인우월주의가 당연시된 나라였다. 그러다가 아시아, 아프리카, 남미 등에서 많은 사람들이 이민을 오고, 이들이 경제적으로 성공을 거두다 보니 그에 비례해 좌절감도 팽배해진 것이다. 우리가 백인인데, 우리가 사회 지도층인데, 우리가 항상 미국의 주인인데… 라는 심리가 팽배하다 보니 자기들의 영역에 흑인이나 아시아인들이 한 발짝만 들어서도 그들을 상대로 즉각 폭발하는 것이다. 자존감이 너무 강한 사람 옆에 있으면 자칫 다치기 쉽다. 그래서 자존감을 강화하는 것도 중요하지만 정확히 자기를 발견할 수 있도록 해주는 것이 더 중요하다.

그리고 세상을 긍정하는 것이 잘못 실현되면 망상이 되기도 한다. 세르반테스의 소설 『돈키호테』의 주인공 돈키호테는 과대망상증에 빠진 인물이다. 돈키호테는 시골의 지주이자 매우 진지한 사람이었으나 소설에 심취한 나머지 더 이상 현실과 상상을 구분하지 못하게 된다. 결국 그는 자신이 실제 기사인 양 정의를 실현하고자 집을 떠난다. 주변 사람들은 그의 정신세계가 온전하지 못하다는 것을 알지만 돈키호테는 자기의 세계가 진실이라고 믿으면서 온갖 모험이 펼쳐지는 세상 속으로 향한다. 이것이 바로 망상적 자아다.

그런데 문제는 이 경계가 뚜렷하지 않다는 데에 있다. 어디까지가 이상적 자아이고 어디까지가 망상적 자아인지 명확하게 알 수 있는 것이 아니다. 그래서 정신분석학자인 하인츠 코헛(Heinz Kohut)이 이야기했듯이 적절하게 통제되는 나르시시즘은 꿈이나 이상, 야망을 실현할 수 있게 해준다. 하지만 그렇지 않고 무턱대고 강화된 상상적 나르시시즘은 자칫 커다란 좌절을 안겨주거나 아니면 이런 것을 보상받기 위해 타인에 대한 공격적 심리로 발휘되기 쉽다. 그래서 무턱대고 자존감을 강화하는 것보다 사실은 자기와 자기의 관계를 잘 맺는 일이 중요하다. 실제로 우리는 나와 나의 관계가 이렇게 자명하지 않다는 것을 인정할 필요가 있다. 그래야만 진정한 자기의 모습을 볼 수 있기 때문이다.

나르시시즘이 부정적인 측면으로 발휘되면 자기중심성을 강화하게 된다. 자기중심성은 무조건 내가 옳고, 나의 판단이 최선이며, 남들은 나에 대해 잘 모른다고 생각하는 자기우월감이다. 이렇게 자신이 우월하다는 믿음을 갖게 되면 눈먼 자아, 즉 '보이지 않는 창'의 영역이 늘어나게 되고, 자신이 어떤 집단이나 사회에서 인정받지 못하면 공격성이 심화되어 폭발한다. 미국 아이오와주립대학교의 부쉬맨과 케이스웨스턴리저브대학교의 바우마이스터 연구팀은 나르시시즘이 자기중심주의와 적대적 공격성 사이의 가능한 관계를 규명할 수 있는 길을 열어주며, 자기에 대한 모욕이나 다른 부정적 평가에 대한 대응으로 증가하는 공격성은 나르시시즘과 연관이 있다고 말한다.[3]

실제로 미국에서는 이런 실험을 많이 하는데, 아이들을 모아놓고 자존감 훈련을 한다. "네가 최고야. 너는 할 수 있어!"

그런데 결과적으로 이런 훈련은 큰 성과를 거두지 못한다. 자존감은 상당히 오랜 기간에 걸쳐 형성되기도 하고, 또 자존감의 뿌리에는 자기에 대한 확신이 있어야 하기 때문이다. 자기 확신이 없다 보니 남들이 "너는 최고야"라고 말해주면 "그래, 나는 최고야"라고 말은 하지만 실제로는 그것에 대한 깊은 믿음이 생기지 않는다. 그러면 결국 이는 과장된 상상적 자아로 나타나게 된다.

이렇듯 우리가 무의식을 적극적으로 고려해야 하는 이유는 나의 본질에 좀 더 다가가기 위한 것이지 자기계발이나 타인과의 관계를 잘 맺기 위해서만이 결코 아니다. 자기계발이나 자존감을 강조하는 많은 심리학 이론들이 잘못된 것은 아니지만 자칫 아이들에게 허상의 자아를 심어줄 수 있는 위험성 또한 존재한다. 그래서 더더욱 무의식이 중요하다는 것을 인식할 필요가 있다.

무의식은 우리가 어떤 선택을 할 때, 무언가 판단을 할 때 우리도 모르게 작용한다. 뇌과학이나 뉴로 마케팅이 가정하듯 조건반사나 자율적 생리작용은 무의식의 본질이 아니다. 무의식은 개인의 내면에 깊숙이 자리 잡은 개인적 특성을 보이지만 그것은 사회적이다. 무의식 자체가 개인 상호 간의 관계와 언어적 억압에서 비롯되기 때문에 그것은 오히려 초개인적(transindividual)이라고 할 수 있다. 다시 말해 무의식은 나의 내밀한 부분이 아니라 상호관계와 그 장에서 생긴다는 것이다. 레비스트로스(Claude Lévi-Strauss)는 무의식이 이미 개인에 속한 게 아니라 인간의 사고와 행동을 지배하는 사회적 담론이자 구조임을 『슬픈열대』『구조 인류학』 등에서 강조한 바 있다. 보이지 않는 담론 구조가 개인의 행동과 의식을 지배하는 현상이 무의식이며, 이런 사회적 담론이 개인의 의식과 행동에 가장 크게 발휘되는 영역이 바로 욕망이다. 욕망은 무의식과 가장 관계가 깊으며, 내가 어떤 욕망을 갖느냐가 무의식에 작용하는 가장 중요한 영역이다.

나는
나를
얼마나 알고 있을까

나를 알고 나를 돌보는 것

자아에 대해 이야기하려면 자기 자신을 알아야 한다. 누구나 알고 있는 최고의 철학자 소크라테스는 사실 한 편의 글도 남기지 않았다. 소크라테스는 시장이나 극장에서 사람들을 만났고 그들에게 깨우침을 설파하는 것을 사명으로 여겼다. 그가 가장 심혈을 기울여 깨우치고자 했던 것은 바로 자기 자신을 아는 것이었다.

소크라테스가 활동하던 기원전 5세기는 이른바 소피스트라고 불리는 많은 현자들이 활동하던 시기다. 그들은 자기가 배운 것, 알고 있는 것들을 끊임없이 사람들에게 전파했고, 그것을 돈을 버는 수단으로 사용하기도 했다. '소피스트'라는 말은 원래 '지혜를 사랑하는 사람들'이었으나 '지혜를 파는 사람들'로 변질되었다. 소크라테스는 이 소피스트들에 대항해 사람들을 일깨우고 그들 안에 있는 지혜의 열정을 불러일으켜주는 것이 진정한 지혜라고 생각했다. 그는 우리에게 그 유명한 '너 자신을 알라'라는 말을 남겼다.

그런데 너무도 유명한 이 문장은 사실 소크라테스가 한 말이 아니다. 델피 신전에 있던 글귀인데, 이것을 보고 소크라테스가 감명을 받은 것이다. 일설에 의하면 항상 지혜에 목말라 있던 소크라테스가 현자를 찾기 위해 델피 신전을 방문했다가 그곳에서 '너 자신을 알라'라는 이 글귀를 보았다고 한다. 철학자였던 그는 이 문장을 보고 깊이 고민했으리라. 그리고 그 답을 얻기 위해 그는 프로타고라스 같은 유명한 소피스트들을 찾아다니며 언쟁을 펼쳤다. 이기기 위해서가 아니라 참된 진리에 도달하기 위한 언쟁이었다.

수없는 질문과 토론을 나누면서 소크라테스는 지혜롭다고 생각했던 사람들이 결국 참다운 지혜를 가지고 있지 못하다는 것을 발견하게 된다. 그러자 점점 사람들이 소크라테스와 마주하기를 꺼려했다. 현자라고 불리던 사람도 소크라테스를 만나고 나면 속된 말로 탈탈 털리기 일쑤였다. 하지만 그것이 소크라테스가 바라던 바는 아니었다. 그는 자기가 알고 있는 지식이나 지혜가 검증되지 않은 것은 진정한 진리라고 할 수 없다는 것을 깨우치고 싶었다.

그토록 중요한 '나 자신을 안다는 것'의 출발점은 무엇일까? 자기 자신을 아는 출발점은 내가 나 자신을 모를 수도 있다는 것을 전제하는 것이다. 나 자신을 아는 사람은 자신에 대해 의문을 던지지 않는다. 그리고 소피스트들처럼 내가 알고 있는 것을 다른 사람한테 가르치려 한다. 소피스트들과 소크라테스 모두 지혜를 찾고자 했지만 둘의 차이점은 극명했다. 소크라테스는 자기에게 지혜가 없다고 생각하면서 지혜를 구하러 다니는 사람이었고, 소피스트들은 자기들이 지혜가 있다고 생각하면서 사람들에게 지혜를 가르치려 했던 사람들이었다.

이것을 소크라테스는 '무지(無知)의 지(知)'라고 한다. 즉 내가 모른다는 것을 아는 것이다. 이 말은 소크라테스의 철학을 특징짓는 말이기도 하며, 이것은 곧 학문의 출발점이다. 학문은 호기심이고 무언가 새로운 것을 받아들이려는 마음인데,

내가 알고 있다고 믿는 사람은 절대로 새로운 것을 받아들이지 않기 때문이다. 오히려 내가 알고 있는 것들이 고정관념으로 발전하기 쉽다.

그리고 알기만 하는 것으로 끝나서는 안 된다. 그 아는 것들이 돌봄으로 발전해야 한다. 우리는 '돌봄'이라고 하면 가장 먼저 나의 가족, 친구, 이웃들을 생각하지만 가장 마음 써서 돌봐야 하는 것은 바로 나 자신이다. 나를 아는 것에 그쳐서는 안 되고 나를 돌봐야 한다. 우리의 자아는 고정된 것이 아니기 때문이다.

심리학도 없었고, 오늘날과 같이 정교한 뇌과학이 있는 것도 아닌 시대에 소크라테스는 이미 자기 자신을 안다는 것이 쉬운 일이 아님을 잘 알고 있었다. 뿐만 아니라 그는 자기 자신을 알기 위해서는 끊임없이 지혜를 연마하는 것과 더불어 자기 자신을 변화시키고 실천하려는 이른바 '지행합일(知行合一)'이 중요하다는 것을 몸소 깨달았던 사람이다. 그는 글귀를 남기고 소피스트들처럼 돈을 받고 사람들을 가르치는 것이 아니라 곳곳을 찾아다니며 사람들과 직접 이야기했다.

플라톤의 『알키비아데스』는 소크라테스의 유명한 대화록 중 하나다. 이 인상 깊은 고전은 소크라테스가 왜 그렇게 자기 자신을 알고, 더 나아가 자기 자신을 잘 돌보라고 이야기 했는지를 알게 해준다. 그리스의 정치가였던 알키비아데스는 귀족의 자식이었으며 엄청난 재능과 미모를 겸비한 인물이었다. 오늘날로 치면 단연 금수저 출신이라고 할 수 있다. 그는 소크라테스의 사랑을 한몸에 받았다. 그러나 알키비아데스는 정치적 야망이 지나치게 컸다. 젊은 시절부터 정치를 꿈꾸던 그에게 소크라테스는 이렇게 충고한다.

속편한 친구, 부디 나의 말과 델피에 있는 글귀를 받아 들여 자네 자신을 알도록 하게. 적수는 이들이지 자네 가 생각하는 자들이 아니니 말일세. 돌봄과 기술(앎)이 아니라면, 다른 그 무엇으로도 그들을 능가할 수 없을 걸세.[4]

정치인이 되어 다른 사람을 가르치고 통치하려면 먼저 자기 자신을 알아야 한다는 말이다. 자기 자신도 모르면서 남들을 인도한다는 것은 모순이며, 그런 행위는 남들을 미망으로 이끌 수도 있다. 언뜻 동양의 '수신제가 치국평천하(修身齊家 治國平天下)'를 떠올릴 수 있지만 소크라테스의 말은 그것과는 다르다. 자기 자신을 아는 것 자체가 정치의 출발점이 아니라 본질일 수 있다는 것이다. 이런 앎을 확대해 모든 사람으로 하여금 참다운 것을 보게 만드는 것이 정치인이고, 이를 바탕으로 그 유명한 철인정치론이 나오게 된 것이다.

아는 앎, 모르는 앎, 모름을 앎

앎에도 여러 종류가 있다. 이런 앎의 종류를 제대로 알 때 우리는 참다운 앎에 도달할 수 있다. 첫 번째는 '나는 나에 대해 잘 안다'고 생각하는 자기중심적 앎이다. 나는 나에 대해 잘 안다, 나는 이런 사람이다, 내가 살아봐서 잘 안다, 나는 성격이 이렇다 등과 같은 앎은 정신분석적으로 나르시시즘에 가깝다.

나르시시즘은 그리스 신화에 나오는 미소년 나르키소스 일화에서 유래했다. 자기 자신을 모르고 살던 나르키소스는 어느 날 호수에 비친 자신의 모습을 보고 그만 사랑에 빠진다. 하지만 이것은 우연히 벌어진 일이 아니었다. 나르키소스의 도도함 때문에 상처 입고 고통받은 여인이 복수의 여신 네메시스를 찾아가 자신들이 당한 것과 똑같이 나르키소스도 고통받게 해달라고 청했고, 복수의 여신은 여인의 간곡함을 들어주기로 한 것이다. 나르키소스는 네메시스의 벌을 받아 자기 자신과 사랑에 빠지게 되고, 호수에 비친 자기 모습을 그리워하다가 결국 그곳에 빠져 죽어 수선화가 되었다. 바로 여기에서 자기 자신을 병적으로 사랑하는 상태인 나르시시즘이라는 용어가 생겨났다. 하지만 이것은 대단히 병리적인 의미의 정의이고, 실제로 인간은 누구나 어느 정도의 나르시시즘을 가지고 있다.

정신분석학자 하인츠 코헛은 적절히 통제되는 나르시시즘은 인간에게 긍정적인 영향을 미친다고 이야기하면서 나르시시즘의 중요성에 주목했다. 그에 따르면 우리의 이상, 희망, 그리고 미래에 대한 열정 등을 키워줄 수 있는 것이 바로 나르시시즘이다. 우리가 흔히 말하는 자존감도 나르시시즘의 긍정적인 측면이다. 그런데 이것이 잘못 반영되면 소피스트처럼 나는 무엇이든지 알고 있고, 남들은 나만큼 모르기 때문에 내가 가르쳐야 할 대상이라고 여긴다. 그러면서 정작 자신이 모르는 부분에 대해서는 눈을 감아버린다. 이것이야말로 똑똑한 바보, 바보 중의 바보다. 스스로 매우 똑똑하다고 생각하지만 사실 그 아는 앎은 지극히 제한적이며, 그저 내가 안다는 것에 머물러 있는 상당히 위험한 앎이다.

두 번째 앎은 나는 내가 모른다는 사실도 모르는 완전한 무지다. 내 안에 어두운 부분이 있다거나 편견이 있다거나 무지하다는 것에 대해 일체 알려고 하지 않는 것이다. 지능이 부족해서가 아니다. 똑똑한 사람일수록 이런 경향이 더 강하게 나타난다. 모르는 것이 너무 많은데도 내가 모른다는 사실을 아예 모르는 것이다. 이것을 무지라고 하는데, 소크라테스가 이야기하는 '무지의 지'와는 다르다. 모른다는 것조차도 모르는 것으로, 어떻게 보면 앎과 모름의 경계조차도 없는 사람들이다. 그야말로 완전한 무지다. 첫 번째 앎의 사람들이 나르시시즘으로 인해 잘못된 편견이나 자만심에 빠진다면, 두 번째 앎의 사람들은 자기의 한계에 빠져 평생 우물 안 개구리처럼 지낼 수 있다.

세 번째는 '나는 나에 대해 아는 것도 있다'는 발견된 앎이다. 나도 모르게 언뜻 나에 대해 아는 것들이 있는 경우다. 이런 경험은 흔히 일어난다. 어느 순간 나도 모르는 나의 모습들이 나오기도 하는데 '아, 나한테도 이런 면이 있었나?' 하며 스스로 놀란다. 전혀 없다고 생각했던 끼가 발산되거나 자신이 몰랐던 새로운 소질을 발견했을 때 사람들은 큰 기쁨을 느끼며, 이를 계기로 어떤 새로운 가능성을 찾기도 한다.

네 번째 앎은 내가 모른다는 사실을 아는 '무지의 지'다. 내가 모른다는 사실을 안다는 것이 겸손의 표현인 것처럼 느껴지지만 사실은 모르는 것을 채우고자 하는 적극적인 앎의 의지다. 모른다는 것을 알기 때문에 더 알고자 하는 것이다. 동서양의 위대한 사상가들의 이야기를 보면 서로 다른 용어로 서로 다른 이야기를 하는 것 같지만 결국 같은 결론에 이르는 경우가 많다.

공자가 남긴 말 중에 '삼인행(三人行), 필유아사언(必有我師焉)'이라는 말이 있다. 세 사람이 길을 가면 그 가운데 반드시 스승이 있다는 말로, 좋은 것은 본받고 나쁜 것은 살펴 고쳐야 한다는 뜻이다. 여기서 말하는 스승은 나에게 꼭 가르침을 주는 사람만을 뜻하지 않는다. 저렇게 하면 안 되겠다는 교훈을 주는 사람도 있고, 또 어떤 사람은 내가 몰랐던 새로운 것을 보여줌으로써 나로 하여금 배우도록 하기도 한다. 심지어 살다 보면 어린아이에게서도 배우는 것들이 있다.

이 네 번째 앎을 추구하는 사람은 끊임없이 배우려는 열정을 가지고 있는 사람이며, 소크라테스가 그 대표적인 경우다. 소크라테스는 델포이 신전에 그리스에서 누가 가장 현자인지를 물었을 때 "소크라테스, 네가 현자다"라는 말을 들었지만 자신은 그렇게 생각하지 않았다. 그는 더 많은 현자들을 찾아 다니며 지혜를 구했다. 그는 모르는 것에 머물지 않고 그 모르는 것을 채우기 위해 끊임없이 알고자 했다.

무지의 지를 위해서는 먼저 나 자신을 인정해야 한다. 이것은 참회와 겸손의 태도와는 다르다. 자기 자신을 냉정하게 바라보는 것이다. 스스로 리셋의 필요성을 느껴야만 자기 자신을 변화시킬 가능성이 생기기 때문이다. 나는 원래 이런 사람이라거나 나에게는 이런 장점이 있고 이런 단점이 있다고 확신하는 사람들은 독불장군이 되거나 주변 사람들과 제대로 소통하지 못할 확률이 크다.

결국 네 가지 앎의 중요한 점은 지나치게 나르시시즘적인 앎에 빠져서도 안 되고, 또 자기가 모른다는 것조차도 모르는 혼돈 그 자체인 소경과 같은 상태에 빠져서도 안 되며, 어쩌다 우연히 자신의 새로운 모습을 발견하고 마치 어린아이처럼 좋아하는 것에 머물러서도 안 되며, 모르는 앎을 추구해 그것을 채워 나가려는 노력이 필요하다는 것이다. 그럼으로써 나 스스로 변화할 수 있는 가능성이 열린다. 나는 이미 충분히 알고 있다고 생각하는 사람은 변화의 가능성 자체를 차단하는 셈이다.

소유의 삶에서 존재의 삶으로

사실 나의 존재를 발견한다는 것은 지극히 어려운 일이다. 그래서 자기 자신을 절대 고정된 모습으로 가정해서는 안 된다. 우리는 각자 자신에 대해 가지고 있는 어떤 이미지가 있다. 예를 들어 나는 내향형의 사람이다, 나는 굉장히 다정다감하다, 나는 섬세하다, 나는 쿨한 성격이다 등으로 자신을 규정한다. 그런데 그런 심리의 근거를 파헤쳐보면 자기가 배운 것, 경험한 것에서 나오는 고정된 관념들이 대부분이다. 그래서 이상화된 자아가 아니라 고유한 나를 발견하고 가꾸는 것이 중요하며, 그러기 위해서는 이상화된 자아가 진짜 나의 모습인지 끊임없이 성찰해야 한다.

이런 성찰의 과정이 무시되면 자기를 자꾸 가꾸려 하게 되고, 그렇게 되면 편견이나 이미 존재하는 자신의 부정적인 측면이 더 강화될 수도 있다. 젊었을 때는 이런 것들에 대해 조금 더 유연하지만 그 상태로 나이가 들면 완고함을 넘어 고집불통이 된다. 그래서 성찰 없이 자신을 이상화하거나 무조건적인 자기계발은 오히려 독으로 작용해 자기기만적 이미지를 만들 수 있다. 기만적인 자기의 모습이 만들어지면 우울증이나 자기의 삶에 만족하지 못하는 불일치를 경험하게 된다.

아우슈비츠 수용소에서 살아남은 심리학자 빅터 프랭클(Viktor Frankl)은 그 경험을 『죽음의 수용소』라는 제목의 책으로 기록했다. 그는 인생에서 가장 중요한 것이 살아야 할 이유와 목적을 발견하는 것이라고 생각했다. 그는 '로고테라피(logotherapy)'를 만들었다. 로고테라피는 삶의 가치를 깨닫고 목표를 설정하는 것에 목적을 둔 실존적 심리 치료 기법이다. 내가 왜 살고자 하는지 의미를 아는 사람은 자신의 삶에 풍성한 색깔을 입힐 수 있지만 그 의미를 찾지 못하면 절망하거나 극단적으로 자기를 혐오하게 되고, 아니면 자살로 생을 끝낼 수도 있다.

자기만의 삶의 의미를 만들기 위해서는 이상화된 자아상을 직시할 필요가 있다. 그것이 정말 내가 원하는 나의 진정한 모습인지 혹은 부모님이나 우리 사회가 강요하는 이상적인 모습은 아닌지를 알아야 한다. 예를 들어 초등학생이 "나는 유튜버가 되어서 돈을 많이 벌 거예요"라고 한다고 해보자. 이상적인 자아상처럼 보이지만 이는 어른들이 심어준 삐뚤어진 자아상이다. 아무나 큰 영향력을 떨치는 유튜버가 될 수도 없고, 또 유튜버가 되어 돈을 많이 버는 것이 인생의 절대적 목적도 아니기 때문이다.

우리 사회는 지나칠 정도로 소유의 삶에 치중하는 경향이 있다. 결국 존재를 발견하고자 하는 것은 이 책의 2부 주제인 '욕망'으로 연결된다. 자아를 잘 알 필요가 있다는 것은 나의 욕망을 들여다볼 필요가 있다는 것과 통한다. 먼저 내가 나 자신을 모를 수 있다는 것을 알아야 하는데, 그것이 나의 진짜 욕망을 발견하기 위한 출발점이다. 자아를 잘 알지도 못하면서 무턱대고 이상화하면 자칫 잘못된 나를 더 강화할 수 있고, 잘못된 욕망에 빠지면서 무언가를 통해 자신을 과시하려 한다. 그러다 보면 자기 소외에 빠져 불행해질 수 있다.

소유를 통해서가 아니라 진정한 존재의 발견으로부터 나를 발전시킬 수 있다. 삶의 진정한 의미와 가치를 줄 수 있는 참다운 욕망을 찾아야 한다. 그리고 이런 것들이 진정한 자기실현과 자기계발에 기여한다. 예를 들어 "나는 오늘부터 빌 게이츠처럼 살 거야"라고 하면서 자기에게 맞지도 않는 이상적 자아를 추구한다거나 성공한 사람들의 이상화된 모델을 따라 하다 보면 그것 자체가 또 다른 고통의 근원이 된다.

욕망은 무의식의 목소리라고 말할 수 있다. 우리는 욕망이라고 하면 흔히 부자가 되고 싶어 하거나 아름다운 이성을 만나고 싶어 하거나 남들에게 인정받고 싶어 하는 마음을 떠올리지만, 실제 욕망은 나의 존재를 실현하려는 것과 관련이 있다. 욕망이야말로 나의 무의식과 가장 큰 연관성이 있다.

특히 정신분석학에서는 욕망은 무의식적이라고 주장한다. 그래서 자아를 리셋할 때 무의식은 곧 욕망에 대한 이야기로 확장된다. 언뜻 생각하면 무의식, 자아, 욕망이 각각 별개의 주제인 것 같지만, 자아를 리셋하다 보면 내 안에 있는 내가 몰랐던 무의식이라는 부분을 발견하게 되고, 이 무의식의 갈등의 목소리는 욕망이 우리에게 주는 여러 가지 영향들로 나타난다. 인간은 결국 욕망 때문에 파멸도 하지만 욕망 때문에 삶의 활력을 느끼는 존재다. 즉 욕망은 인간의 본질이며 무의식의 증거다.

이런 욕망에 대해 잘 알려면 나의 진정한 본질에 대해 성찰하는 자세가 우선 필요하다. 자아를 인식하는 것, 나와 나의 관계가 모든 것의 출발점이다. 각자가 나의 발견을 도모하는 길은 다양하게 열릴 수 있다. 그러나 누구에게든 공통의 필수 조건은 내가 나를 알아야 하는 것에 대한 필요성이다. 그것이 우리를 자기발견의 길로 이끈다.

내 ____

안의 ____

욕망을 ____

발견하다 ____

2

욕망은
내 존재의 발견이자

그것을 위한
의지다.

욕망에 관한
몇 가지
질문

욕망은 본능과 같은가

자아를 리셋하기 위해서는 나의 욕망과 관계를 잘 맺어야 한다. 나와 나의 관계는 나와 나의 욕망의 관계로 나아가야 한다. '욕망'은 우리에게 아주 친숙한 용어다. 욕망이라고 하면 긍정적인 경우를 떠올리기도 하지만 대개는 파국으로 연결되는 부정적인 이미지를 떠올린다. 그렇다면 실제 욕망은 어떤 의미를 가지고 있을까?

'욕망'의 사전적 정의는 '부족을 느껴 무엇을 가지거나 누리고자 탐함'이며, '욕구'는 '무엇을 얻거나 무슨 일을 하고자 바라는 일'이다. 평소 우리는 욕구와 욕망을 혼용하거나 특별한 의미 없이 욕망이라는 어휘를 사용한다. 가령 돈을 많이 벌어 부자가 되고 싶어 하는 것을 욕망의 대표적인 현상처럼 여긴다. 그렇다 보니 욕망에 대해 부정적으로 생각하기가 쉽다. 「야고보서」 1장 15절에 "욕심이 잉태한즉 죄를 낳고 죄가 장성한즉 사망을 낳는다"는 구절이 있다. 욕심을 부리지 말라는 뜻으로, 이렇게 대부분의 종교적 가르침은 욕망에 대해 부정적이다.

하지만 욕망의 본질에 대해 이야기하다 보면 긍정적인 면도 볼 수 있다. 우리는 일상에서 별다른 구별 없이 욕망과 욕구를 혼용하지만, 욕망과 욕구가 과연 똑같은가 하는 것은 철학적으로 매우 중요한 질문이다. 독일의 철학자 헤겔(Georg Wilhelm Friedrich Hegel)은 '욕망은 본능과 같은 것인가?'에 대해 욕망이 욕구보다 더 높은 개념이라고 이야기한다. 욕구가 외부의 타자성을 인정하는 개념이라면, 욕망은 타자와 합일해 더 상승하려는 단계이기 때문에 욕구보다 욕망을 너 높은 단계의 의미로 설정한다.

라캉은 욕구와 욕망을 철저하게 구분한다. 그는 욕망은 충족이 불가능한 것, 채워도 채워도 채워지지 않는 것인 반면,

욕구는 채워질 수 있는 것이라고 말한다. 예를 들어 배고픔을 느끼는 것은 욕망이 아니라 욕구에 가깝다. 그래서 배가 고프면 음식을 먹으면 된다.

그러나 이렇게 구별되는 욕구가 어느 순간 욕망으로 발전할 여지는 얼마든지 있다. 예를 들어 배가 고픈 것은 욕구이지만, 어떤 특정한 음식을 먹고 싶어 하거나 남들에게 자랑하기 위해 반드시 어떤 식당을 가고 싶어 한다면 이는 욕망으로 발전할 가능성이 크다.

욕망은 욕구로부터 시작되지만 욕구가 저절로 욕망으로 발전하지는 않는다. 욕구는 본능적이며 생물학적 필요성으로 제한되는 경우가 많지만, 욕망은 문화적이며 사회적인 것을 대상으로 하기 때문이다.

인간의 욕구는 대체로 거기에서 거기지만 욕망은 시대와 지역에 따라, 그리고 같은 사회에서도 계급과 계층, 성별에 따라 정말 다양하게 변용된다. 인간이 성장하면서 어느 순간 욕구의 충족으로 채워지지 않는 무언가가 생길 때 비로소 욕망이 시작되며, 이 순간은 인간이 언어를 배우는 순간과 일치한다. 욕망은 말하는 존재인 인간만이 가지는 두드러진 특징이기도 하다.

물질적 욕망은 비난받아 마땅한가

인간의 일상 속에서 빈번하게 나타나는 물질적 욕망은 무조건 나쁜 것일까? 숙고해볼 필요가 있는 질문이다. 오늘날 우리 사회를 휩쓸고 있는 여러 키워드 중 빼놓을 수 없는 것이 바로 '돈'이다. 많은 사람들이 주식과 부동산, 비트코인 이야기에 흥분하며 영혼까지 끌어 모을 정도로 투자에 열정을 보이는 것도 결국엔 돈 때문이다.

사람들이 이렇게 돈에 집착하는 것은 돈이 있으면 자기가 원하는 재화와 서비스를 마음대로 사고 누릴 수 있기 때문이다. 그런데 대개의 사람들이 가지고 있는 이런 물질적 욕망을 무조건 나쁜 것이라고 비난해야 할까? 위에서도 말했듯이 당연히 거의 모든 종교 교리는 이런 욕망에 대해 부정적이다. 물질적 욕심이 커지면 탐욕이 생기고, 탐욕은 우리를 죄의 수렁으로 밀어 넣는다고 여기기 때문이다.

영국의 의사이자 공중보건학자 마이클 마멋(Michael Marmot)은 '지위 증상'에 대해 이야기한다. 지위 증상은, 인간은 사회적 지위에 대한 욕망이 있을 뿐 아니라 지위가 대체로 높은 사람들이 더 오래 살고 행복하다는 이야기다. 왜 그럴까? 심리학자 알프레드 아들러(Alfred Adler)가 말한 것처럼 인간이 권력에 대한 욕망이 있어서 지위 증상이 있을까?

언뜻 사회적 지위가 높으면 물질적 풍요나 건강상의 이점을 누릴 가능성이 크기 때문에 장수하고 행복할 것 같다. 하지만 그것보다는 사회적 지위가 우리에게 더 많은 자율권과 사회 참여 기회를 주기 때문에 지위 증상, 정확히 말하면 권력 욕망이 발생한다. 사회적 지위가 높으면 그렇지 않은 사람에 비해 여러 가지 재화와 서비스에 더 많이 접근할 수 있고 더 다양한 욕망을 꿈꿀 기회가 많은데 이것이 현대사회의 특징이다.

현대는 신분사회가 아니라 소비사회이며 소비사회는 단순히 소비를 많이 하는 사회가 아니라 장 보드리야르(Jean Baudrillard)의 말처럼 소비가 우리의 정체성과 문화의 중요한 양상이 되는 사회다. 소비사회에서 인간은 필요보다는 남과 구별되는 자신을 만들고, 소비문화의 향유를 통해 정체성을 표출하기 위해 돈과 지위를 탐한다. 돈은 소비사회에서 이런 자율성과 지위를 과시할 능력의 지표로 평가받는다.

『불안』의 저자 알랭 드 보통(Alain de Botton)에 따르면, 대략 19세기 중반부터 능력과 세속적 지위 사이에 신뢰할 만한 관련이 있다는 믿음이 늘어나면서 돈에 새로운 도덕적 가치를 부여했다. 그러나 지위를 높이기 위해 발버둥치면서 인간은 불안해하기 시작한다.[5] 소비사회의 신화에는 남들과 내가 똑같다는 평등에 대한 신화와 구별 짓기에 대한 욕망이 동시에 작용한다. 따라서 물질적 욕망이 강해지는 것을 물질 자체에 대한 탐심보다는 이런 지위 상승 욕구에 대한 의지로 읽을 필요가 있다. 지위 증상은 현대사회에서 욕망이 자꾸 물질적으로 치우치는 이유를 잘 설명해준다.

하지만 철학자 쇼펜하우어가 말한 것처럼 돈과 지위를 탐하다 보면 우리에게 필요하지는 않지만 강력한 힘을 발휘하는 욕망이 우리를 지배하기 쉽다. 명예욕이나 지배욕이 그러하며, 그런 것이 커지면 타인에게 인정받으려 하고, 타인과 충돌이 생기기도 쉽다. 물질적 욕망은 우리의 최소 생활을 위해 필요하지만 그것을 통제하지 못하고 휘둘리면 자칫 욕망이 끝없이 커지면서 인간을 괴롭히게 된다.

욕망은 개인적인가, 사회적인가

욕망은 지극히 개인적인 것처럼 보이지만 실은 사회의 강력한 영향 아래 형성된다. 공동체의 욕망은 개인의 욕망을 규정하고 자극하면서 때로 방해하기도 한다. 예컨대 신분의 구별이 뚜렷했던 전통사회와 평등의 신화가 지배하는 소비사회를 사는 현대인의 욕망은 다를 수밖에 없다. 공동체의 영향력이 절대적이었던 전통사회에서는 욕망이 개인을 억압하는 경우가 많았다.

조선시대 같이 타고난 신분제도가 있던 사회에서는 개인의 욕망이 제한되는 경우가 태반이었다. 아무리 똑똑하고 야심이 있더라도 노비 신분이면 자신의 의지대로 해볼 수 있는 것들이 지극히 제한적이었다. 노비에서 벗어나고자 하는 것 자체가 사회적으로 용납되지 않았다. 이런 전통적인 제약이 있기 때문에 욕망을 개인적으로만 보는 것은 자칫 욕망의 성격이나 욕망을 실현하는 데에 커다란 난관을 불러올 수 있다. 욕망과 공동체의 관계는 대단히 복합적이며 상호 영향을 미친다. '욕망이 개인적인가, 사회적인가?'라는 질문은 욕망의 기원이 나로부터 오는지, 사회로부터 오는지, 그리고 그 둘의 상호관계와 영향은 무엇인지를 생각하게 한다.

인류학자이자 철학자 르네 지라르(Rene Girard)는 인간은 타인이 욕망하는 것을 보면서 이것을 통해 욕망을 배운다는 모방적 욕망(mimetic desire) 이론을 내세웠다. 어린아이들이 장난감을 가지고 놀 때 다른 아이가 가지고 노는 장난감을 더 욕심내는 경우를 흔하게 볼 수 있다. 내가 가진 것에 대한 욕망은 타인이 그것을 바라보고 타인이 욕망할 때 더 커지는 법이다. 또한 나 역시 타인의 욕망을 보면서 그 욕망을 따라 배운다. 그래서 르네 지라르의 주장에 따르면 욕망은 문화의 기원이 된다. 욕망을 갖기 때문에 타인을 모방하려 하고, 이 모방적 욕망은 곧 한 문화의 기원이 되는 것이다.

그렇다면 욕망에는 어느 정도 사회적인 것들이 존재한다고 볼 수 있다. 그러면 욕망의 공동체는 가능할까? 요즘 우리 사회의 구성원들은 공정성에 대해 굉장히 민감하게 반응한다. 어떻게 보면 각자의 욕망이 충돌하는 지점에 공정성에 대한 욕망이 존재한다고 할 수도 있다. '나는 갖지 못한 것을 저 사람은 왜 저렇게 많이 갖고 있을까?' 즉 '왜 기회가 저 사람들에게만 독점적으로 허용될까?' 하는 불평등에 대한 강한 분노와 그것에 질투를 느끼는 욕망이다. 예를 들어 한국토지주택공사 직원들의 부동산 투기 의혹이 불거지면서 사람들은 그들의 욕망에 의해 나의 욕망이 짓밟혔다고 느끼게 되고 결국 폭발하면서 욕망이 충돌하게 된다.

그렇게 보면 욕망이 끊임없이 갈등의 원인으로 작용하는 것 같지만 사실 인간은 상호적인 존재이기 때문에 욕망 또한 호혜관계를 필요로 한다. 만약에 상호적 호혜관계가 없는 욕망이라면 영국의 철학자 홉스(Thomas Hobbes)의 말처럼 "만인의 만인에 대한 투쟁"이 계속됨으로써 그로 인해 사회는 공멸할 것이다.

우리나라의 전통사회는 이웃 간의 협조와 단결을 굉장히 중요하게 여겼다. 마을에 관혼상제가 있으면 하다못해 쌀이라도 가져가 부조를 함으로써 이웃과의 협조와 단결에 기여했다. 뿐만 아니라 농촌에서는 농사일이 바쁠 때 서로 도와 일하는 두레라는 조직을 만들어 공동으로 일을 했다. 이런 방식의 시스템은 현대사회에 이르러 다양한 형태의 협동조합과 노동조합 등 무수히 많은 네트워크로 변화하고 발전했다. 인간의 욕망을 평화롭게, 그러면서도 좀 더 효율적으로 실현하기 위해 만들어진 시스템들이다.

이렇게 보면 욕망은 결국 사회적이며 공동체를 가능하게 한다고도 이야기할 수 있다. 그러면 결국 욕망으로 인해 사회가 만들어지기도 하고, 거꾸로 욕망이 잘못되면 사회가 무너질 수도 있다는 뜻이 된다. 갈등이 일어나면 욕망이 상호적 관계가 아니라 적대적 관계로 발전하면서 서로가 서로를 증오하는 사회가 될 수도 있는 것이다.

욕망은 타고난 것이고, 개인적인가? 아니면 사회적이고 문화적인 것인가? 이런 질문은 욕망의 아주 중요한 쟁점이다. 이외에도 어떤 욕망이 가장 강력한가, 욕망은 억제의 대상인가 발산의 대상인가, 물질적 욕망은 나쁜 것인가 등등 욕망에 대한 쟁점은 다양하다. 욕망은 우리 삶에서 매우 중요한 화두다. 욕망에 대한 이런 질문들은 나 자신을 아는 것, 그리고 나 자신을 변화시키는 다음 단계에서 우리가 깊이 있게 풀어야 할 과제다.

플라톤과
스피노자,
들뢰즈의 욕망 이론

플라톤의 욕망-불완전한 존재의 결핍

욕망에 대해 조금 더 깊이 이해하기 위해 동서양의 욕망 이론
을 잠시 살펴보자. 동서양의 많은 철학자와 사상가들이 욕망
에 대해 어떻게 정의했는지를 이해하면, 욕망의 성격을 이해
하고 욕망을 추구해나가는 데에 어느 정도 답을 찾을 수 있을
것이다.

　서양은 대체로 욕망에 대해 긍정적이고, 동양은 부정적이
다. 정신적인 것을 우선시하고 도덕을 더 강조하는 동양의 가
치관에 비해, 서양의 가치관은 현실주의적이고 개인의 고유

성이나 물질적인 면을 인정하는 데에 초점이 맞춰져 있다. 그렇다 보니 이런 서양의 실용적 가치관이 욕망 이론에 더 많이 반영되어 있다.

서양의 대표적인 철학자 플라톤의 『향연』을 예로 들어보자. '향연'은 오늘날의 '잔치'와 같은 의미로 이해할 수 있다. '향연'의 원어인 '심포지엄(symposium)'을 오늘날 보통 학술대회 등으로 이해하고 있는데, 그 어원은 그리스 사람들이 편안하게 누워 술을 마시며 여러 가지 주제에 대해 토론하는 것을 즐긴 데에서 비롯되었으며, 이런 토론 방식을 심포지엄이라 불렀다. 플라톤의 『향연』은 이런 토론의 주제를 책으로 옮겨놓은 것이다. 이 토론에서 다뤄지는 주제는 바로 '에로스는 무엇인가?'이다. 소크라테스를 포함한 일곱 명의 사람들이 사랑은 무엇이며, 사랑에 대해 어떻게 이해해야 하는지를 주제로 토론하는 내용이다.

에로스의 기원을 보면 욕망의 성격에 대해서도 어느 정도 이해할 수 있다. 보통 에로스라고 하면 흔히 신화에 등장하는 큐피트를 떠올릴 수 있는데, 여기서 말하는 에로스는 큐피트가 들고 있는 사랑의 화살이 아니라 천지가 만들어질 때부터 존재했던 거대한 시인이다. 에로스는 부자 아버지 포로스와 가난한 어머니 페니아 사이에서 태어났다. 그래서 에로스는 여유로워 보이면서도 결핍되어 있고, 또 한편으로는 어머니처럼 매우 단순하게 집착하는 성격이 있으면서도 아버지처럼 영리하기도 한 이중적인 면모를 가지고 있다.

플라톤이『향연』에서 여러 사람의 입을 통해 전하는 이야기는 결국 우리가 어떤 것을 욕망하는 것, 특히 에로스를 욕망하는 것은 아름답고 선한 것이 결핍되어 있기 때문이라는 것이다. 만약에 인간이 완전한 존재라면 우리는 그 이상의 무언가를 찾으려 하지 않을 것이다. 불완전하기 때문에 완전해지려고 하는 것이 바로 에로스의 속성이다. 에로스는 아름다운 것들에 대한 탐구로부터 시작해 점차 아름다움 자체로 그 탐구를 옮겨가게 되는데, 이로써 에로스는 우리에게 새로운 인식과 존재의 지평을 열어준다.

그리고 플라톤은『국가』에서 인간의 영혼이 세 부분으로 나뉘어 있다고 설명한다. 이른바 '영혼 삼분설'이다. 배우는 부분 혹은 지혜의 부분이 있고, 격하는 곳으로 정서적인 것에 관여하는 부분이 있으며, 그리고 욕구 혹은 생산에 관계된 부분이 있다. 우리가 인간의 세 가지 심적 요소를 지성, 감정, 의지를 뜻하는 '지정의(知情意)'로 구분하는 것과 유사하다.

인간에게는 이성이 있고, 감정도 있고, 욕구의 측면도 있는데 플라톤은 이 세 가지가 조화를 이루는 것을 가장 이상적인 상태로 보았다. 너무 이성적인 것만 앞서도 안 되고, 지나치게 욕구적인 것만 앞서도 안 되며, 너무 감정적인 것만 앞서도 안 된다는 것이다. 플라톤은 지극히 현실적인 철학자였기 때문에 특히 격해지는 정서, 즉 화를 통해 나타나는 것들의 중요성을 강조했다. 예를 들어 우리가 불의한 것을 보고 분노하지 않으면 불의를 바로잡을 수 없다. 이때 격해지는 것이 왜 중요한지를 알게 되는데, 그러나 그 격한 감정이 너무 커져서 우리를 지배하게 되면 분노에 눈이 멀어 오히려 잘못된 행동을 할 수도 있다. 이것이 플라톤이 바라본 인간의 모습이다.

또한 국가 역시 이성에 해당하는 지배자 계급, 가슴에 해당하는 전사 계급, 그리고 생산을 하는 생산자 계급, 이렇게 세 계급으로 나뉘는데, 이 세 계급이 서로 조화를 이룰 때 가장 이상적인 국가가 된다고 말한다. 플라톤은『국가』에서 정의란 무엇인지에 대해 이야기하면서 영혼의 조화로움이 곧 정의라고 말한다. 영혼의 조화로움이란 우리의 욕망이 잘 충족되는 상태이기도 하다. 인간 안에 에로스, 선, 조화로움에 대한 욕망과 의지가 있는 것은 우리가 불완전한 존재이기 때문이며, 그런 결핍이 에로스에 대한 욕망으로 표출되면서 완성을 향해 나아갈 수 있게 만드는 동력이다.

스피노자와 들뢰즈의 욕망-현실적이며 긍정적인 힘

행복의 철학자, 기쁨의 철학자로 알려진 스피노자는 '코나투스(conatus)'가 인간의 본질이라는 유명한 말을 남겼다. 코나투스는 인간을 비롯한 모든 유한한 사물들의 본질을 의미하는 철학적 개념이다. 코나투스가 있기에 인간은 단지 자신을 보존하는 것만이 아니라 발전시키고 성숙시키려 한다. 인간은 유한한 존재이지만 신으로 대표되는 무한한 것에 도달하고자 하는 열정이 있다. 코나투스는 이런 인간에게 능동성과 해방의 가능성을 부여한다.

스피노자는 코나투스가 사람의 정신과 신체에 관계될 때를 '충동'이라 하고, 이 충동이 어떤 상태인지에 대한 인식을 동반할 때를 '욕망'이라고 정의함으로써 '인간은 욕망하는 존재'라고 주장했다. 욕망으로 표현되는 인간의 코나투스는 우리의 신체 혹은 우리의 활동 능력을 고양시키려는 노력을 하게 한다. 우리는 왜 공부를 할까? 왜 친구를 만나고, 왜 영화를 보고, 왜 그림을 감상할까? 우리의 능력을 배가시키고 거기서 얻는 기쁨들을 누리고자 하기 때문이다. 이런 활동이 없다면 인간은 삶의 의욕을 잃어버리고 우울한 상태, 즉 무기력한 상태에 빠지게 된다. 인간은 욕망을 통해 슬픔의 상태에서 기쁨의 상태로 나아가려는 노력인 코나투스를 지속한다.

정신분석학적으로 볼 때 우울증과 같은 병리적 상태는 욕망이 제대로 작동하지 않는 경우라고 볼 수 있다. 욕망이 제대로 발현되고 고양되는 상태가 기쁨의 정서인데, 이런 욕망들이 잘 발휘되지 못하면 우리의 신체적 능력, 그리고 우리의 존재 자체가 추락하는 것과 같은 슬픔을 느끼게 된다. 그렇기 때문에 일상 속에서 기쁨을 느끼며 살아가는 것은 무척이나 당연하고도 중요하다. 기쁨을 느끼기 위해서는 욕망을 끊임없이 잘 실현해야 한다.

스피노자는 이렇게 욕망을 매우 긍정적인 측면으로 해석했는데, 그의 이런 긍정적 욕망 이론은 철학자 들뢰즈(Gilles Deleuze)에게로 계승된다. 들뢰즈는 욕망은 리비도(libido)처럼 순수한 에너지이자 생산하는 흐름이라고 말한다. 정신분석학에서 리비도는 인간 행동의 밑바탕을 이루는 성적 욕망을 뜻한다. 들뢰즈는 욕망을 인간적인 것으로 보지 않고 물질적인 것, 비주체적인 것으로 보았다. 그는 우리가 욕망하는 것이 아니라 이 비인칭적인 것들이 이리저리 흘러 다니면서 끊임없이 한계를 무너뜨리고 현실적인 것을 생산한다고 이야기한다. 다음은 들뢰즈의 『안티 오이디푸스』의 한 대목이다.

> 욕망이 생산자라면, 그것은 현실계를 생산한다. 욕망이 생산자라면, 그것은 현실 속의, 그리고 현실의 생산자일 수 있을 따름이다. 부분 대상들, 흐름들, 몸들을 기계 작동하며, 생산의 통일로서 기능하는 수동적 종합들, 욕망은 이런 수동적 종합들의 집합이다.[6]

들뢰즈는 욕망하는 주체를 기계로 설정했다. 이것은 비유가 아니라 실제 기계다. 욕망은 기계가 공장에서 무엇인가를 생산하듯 끊임없이 흐르면서 현실적인 것을 만들어낸다는 것이다. 결핍이 욕망을 만드는 것이 아니라 욕망 자체가 원래 무언가를 만드는, 즉 '욕망은 생산하는 힘'이라는 것이 들뢰즈의 결론이다.

그런데 자본주의 사회는 이런 욕망을 자꾸 억압하고 코드화한다. 그러다 보면 욕망은 이 코드에서 벗어나기 위해 탈주를 시도한다. 들뢰즈는 이렇게 자본주의적 코드화를 무너뜨리고 사회를 발전시키면서 끊임없이 코드화와 탈코드화가 반복되는 것이 인간의 역사라고 생각했다. 스피노자의 주장과는 조금 결이 다르기는 하지만 들뢰즈 역시 욕망을 매우 현실적이며 우리 사회의 모습을 만드는 궁극적인 동력으로 해석했다.

유가와 불교의 욕망―자기통제와 집착

동양에서 욕망을 긍정한 사상은 도가 사상이라고 볼 수 있다. 장자와 노자는 욕망의 자연스러운 충족을 강조했다. 물론 여기서의 욕망은 어떤 상태에 도달하려는 인위적이고 강제적인 욕망이 아니다. 그러나 대체로 유교나 불교는 욕망에 대해 상당히 부정적이다. 공자는 『예기』에서 "군자는 욕망을 제압할 수 있기 때문에 음악을 즐길 수 있는 반면에, 소인은 욕망에 이끌리므로 음악을 즐길 수 없다"라고 이야기한다. 쾌락을 추구할 수는 있지만 그것에 끌려 다니지 않고 통제할 수 있어야 하는데 소인은 그렇지 못하다는 이야기다.

공자의 이런 소인과 대인의 구분은 맹자에게로 이어졌다. 맹자는 대인과 소인을 엄격하게 구별했다. 흔히 '소인배'라는 말을 사용하는데, 원래 소인은 나쁜 의미가 아니었다. 보통 생산자나 농민들을 소인이라고 하고, 학자나 정치인, 선비들을 대인이라고 했다. 맹자의 제자가 "어떤 사람이 대인이고 어떤 사람이 소인입니까?"라고 묻자 맹자는 아주 간단하게 대답했다. "대체(大體)인 심지(心志)를 따르면 대인이 되고, 소체(小體)인 이목(耳目)을 따르면 소인이 된다." 제자가 "그러면 대체는 무엇이고, 소체는 무엇입니까?" 하고 묻자 맹자는 이렇게 대답했다.

이목(耳目)의 기관은 생각함이 없으니 밖의 사물에 의해 가리워지기가 쉽다. 밖의 사물이 보고 듣는 관능에 접촉되면 관능이 그것을 끌어당길 따름이다. 마음이라는 기관은 생각하는 능력이 있기 때문에 생각을 하면 본심을 얻고 생각하지않으면 본심을 잃게 된다. 이것(耳, 目, 心)은 하늘이 나에게 준 것이니 먼저 그 대자(大者)를 세워놓는다면 그 소자(小者)가 빼앗아가지 못할 것이다. 이것이 대인일 따름이니라.[7]

맹자의 정의에 따르면 '대체는 생각하는 것이고, 소체는 감각적인 것'이다. 소체, 즉 감각에 휩쓸리면 소인이 되고, 대체,

즉 생각과 마음의 반성에 이끌려 살면 대인이 된다는 것이다. 예를 들어 소인은 배가 고프면 참치 못하지만 대인은 배고픈 것을 어떻게 채워야 하는지에 대해 골똘히 생각한다. 그래서 대인은 소인을 지배해야 하고, 소인은 대인을 먹여 살리면서 사회 발전에 기여해야 한다는 것이 유가적인 사고관이다. 언뜻 인간의 자연적 욕구와 본성을 긍정하는 것처럼 보이지만 결국 마음을 통해 그것을 다스려야 한다는 것을 강조한다는 점에서 서양과는 다른 사고방식이다.

불교는 욕망에 대해 대단히 부정적이다. 고(苦)·집(集)·멸(滅)·도(道)의 네 가지 진리로 구성된 사성제만 보더라도 그렇다. 태어나서 늙고 병들고 죽는 것이 인간의 운명인데, 이런 것들이 주는 고통은 '집착(執着)'에서 온다는 것이다. 집착하지 말아야 할 것에 집착하는 상태를 불교에서는 '갈애(渴愛)'라고 한다. 어리석기 때문에 집착하는 것이다.

1부에서 무의식에 대해 이야기하면서 언급했던 '너 자신을 알라'처럼 사실 우리는 모르면서 안다고 착각을 하게 된다. 불교는 이것을 '무명(無明)'이라고 한다. 밝지 않다, 즉 티끌이나 오염에 의해 마음이 더럽혀져 있다는 뜻이다. 그러다 보면 집착하게 되고, 이 집착은 곧 고통을 낳는다. 돈을 벌려는 사람은 처음에는 뚜렷한 목적 때문에 돈을 벌지만 나중엔 돈 자체에 집착하게 되어 돈을 벌어도 만족을 모른 채 더 많은 돈을 벌고자 한다. 자기의 모든 시간과 노력을 돈을 버는 데에만 투자하게 되고, 그 투자의 결과는 결국 자기 자신에게 고통으로 돌아온다. 바로 이런 것을 멸(滅)해야 하고, 이것을 멸하는 방법을 통해 어떤 경지에 이르는 것이 곧 불교의 가르침이다.

『법화경』에서는 욕망을 불에 비유한다. 이 세상은 불타는 집이며, 중생은 불이 난 줄도 모르고 뛰노는 아이들이다. 불교는 욕망이라는 불이 순식간에 우리를 집어삼킬 수도 있다는 것을 이야기하면서 삼매(三昧)나 참된 지혜를 통해 이런 집착을 끊고 참다운 도에 이를 것을 강조한다. 욕망에 대해 대단히 부정적으로 이야기하지만 욕망 자체를 부정하는 것은 아니라고 이해할 수 있다.

라캉과
욕망의
윤리

언어로부터 시작되는 욕망

철학자이자 정신분석학자인 라캉은 욕망을 윤리적 차원으로 발전시켰다. 그런데 언뜻 '욕망의 윤리'라고 하면 마치 금욕주의처럼 욕망을 통제하고 조절하는 것 혹은 욕망을 극복하는 것을 떠올린다. 하지만 욕망의 윤리는 그보다는 욕망에 충실한 것을 의미한다.

라캉은 "너의 욕망에 대해 양보하지 말라"라고 이야기한다. 그렇다면 '욕망의 윤리는 탐욕을 강조하거나 권장하는 것인가?'라고 생각할 수 있다. 그러나 여기서의 욕망은 그 성격이 중요하다. 나의 욕망이 하고 싶은 대로 하다 보면 자아의 잘못된 욕망에 빠질 수도 있다. 그래서 욕망에 대해 양보하지 말라는 것은 오염되지 않은 순수 욕망을 가져야 한다는 전제를 내포한다. 라캉은 프로이트에 대해 이렇게 평가했다.

> 프로이트의 세계는 사물들의 세계가 아니다. 그것은 존재의 세계도 아니며, 그 자체로서 욕망의 세계다(Le Séminaire II, Le moi dans la théorie de Freud et dans la tecnique de la psychanalyse).[8]

단순한 말인 것 같지만 프로이트 사상의 전체를 욕망으로 해석하는 라캉의 생각을 단적으로 보여주는 문장이다. 프로이트는 실제로 철학적 냄새가 물씬 나는 욕망이라는 단어를 별로 사용하지 않았지만 라캉은 프로이트의 사상과 그가 몸담았던 그 사상의 세계가 모두 욕망과 관계되어 있다고 해석했다. 왜 라캉이 욕망의 철학자인지 이해할 수 있는 부분이다.

'너의 욕망에 대해 양보하지 말라.' 여기서 라캉이 말하는 나의 욕망은 도대체 무엇일까? 욕망은 언어적 존재인 인간이 겪는 필연적 존재 소외의 표현이자 감정에서 생기는 생가이다. 다시 말해 욕망은 언어를 사용하는 인간이 겪을 수밖에 없는 소외의 표현이라는 뜻이다. 나는 돈이 필요하다, 나는 당신의 사랑이 필요하다, 나는 배가 고프다 등 인간은 언어를 통해 자신의 요구를 전달한다.

그런데 언어는 우리의 욕구를 표현해주는 동시에 외면하고 왜곡한다. 언어의 한계 때문이다. 사랑에 빠진 사람들이 "말로 표현할 수 없는 내 사랑을 어떻게 전할까요?"라는 식의 말을 하곤 한다. 바로 이런 것들이 욕망에 가까운 상태다. 어떤 언어 때문에 소외되었을 때 이 소외로부터 오는 고통, 그리고 이런 것들에서 벗어나고자 하는 갈망이 바로 욕망이다.

욕망은 대상에 대한 탐심 같지만 실은 언어의 속성에서 비롯된다. 인간은 언어를 사용하는 존재로서 언어를 통해 사회 제도, 법, 인간관계를 정의하고 만들면서 세계와 관계를 갖는다. 그런데 언어 자체는 사물을 기호로 바꿔 소통하는 것이기 때문에 '말하는 존재'인 인간은 늘 근본적 결핍을 느낄 수밖에 없다. 예를 들어 여러분이 아는 언어를 총동원해 눈앞에 있는 사과를 설명해도 사과 자체를 부족함 없이 묘사할 수 없다. 마찬가지로 욕망이 생길 때 언어를 통해 그것을 요구의 형태로 표현하지만 막상 자신이 지목한 대상을 얻으면 새로운 욕망이 생겨난다. 바로 이것이 욕망의 원인인 근본적 결여다. 특정한 대상의 결여가 아니라 언어가 주는 근원적 한계를 인간은 결여로 느끼면서 대상을 통해 헛되이 이것을 채우려 한다. 라캉은 이런 결여를 대상의 결핍과 구분해 존재 결여라고 부른다.

인간은 욕망을 통해 잃어버린 존재 자체를 찾고자 발버둥치게 되는데, 이는 마치 그리스 신화에 등장하는 시시포스(Sisyphus)와도 같다. 시시포스는 제우스를 속인 죄로 지옥에 떨어져 바위를 산 위로 밀어 올리는 벌을 받았다. 하지만 산꼭대기까지 바위를 밀어 올리면 바위는 다시 아래로 굴러 떨어졌고, 다시 힘겹게 밀어 올리면 바위는 또다시 굴러 떨어졌다. 시시포스는 산꼭대기로 바위를 굴려 올리는 일을 영원히 되풀이했다. 이 끊임없는 순환은 인간의 운명을 상징한다. 무언가 욕망을 채우려 하면서도 구조적으로 늘 결핍을 느낄 수밖에 없다. 그 이유를 라캉은 인간이 언어적 존재이기 때문에 그렇다고 말한다. 결국 언어라는 것은 욕망의 대상을 온전하게 드러내고 온전하게 표현할 수 없다는 뜻이다. 언어적 존재인 인간은 타자의 인정에 목말라하지만 인정 자체가 욕망의 목적은 아니다.

요구에서 욕구를 뺀 차이

언어가 왜 욕망의 기원을 이루는지 알기 위해서는 욕구(needs), 요구(demand), 욕망(desire)을 구별할 필요가 있다. 앞서 욕구와 요구와 욕망의 구별을 헤겔을 통해 잠시 살펴보았는데, 욕구는 보통 순수한 생물학적 본능에 속하는 것으로 대상에 의존적이며, 충족되면 해소된다. 가령 '목이 마른데 물을 마시고 싶다' 하는 것은 본능에서 필요로 하는 욕구이며, 물이라는 특정한 대상에 의존적이다. 그래서 물을 마시면 갈증이 해소됨으로써 욕구는 채워진다. 이 욕구를 욕망과 혼동해서는 안 된다. '나는 물에 대한 욕망이 있다.' 이것은 말로는 가능할 수 있으나 적합한 표현은 아니다. 욕구와 욕망은 결코 같은 것이 아니다.

그런데 인간은 타인의 도움을 통해 욕구를 해소할 수 있기 때문에 욕구는 요구로 바뀌어야 한다. 예를 들어 갓난아이가 배가 고파서 울 때 엄마라는 타자가 이 아이의 욕구를 채워주어야 배고픔이 해소된다. 처음에는 이 과정이 엄마의 주도로 이루어지지만 아이는 반복되는 경험을 통해 배고픔, 배설 같은 생리적 욕구를 울음의 형태로 타자인 엄마에게 인정받아야 하고, 이 과정에서 언어를 배울 수밖에 없는 조건에 놓인다. 비록 말은 못해도 그냥 우는 게 아니라 배고픔을 표현하는 식으로 울어서 욕구를 충족시킬 수 있다. 이것이 요구다.

결국 인간은 구조적으로 타자를 필요로 하기 때문에 타자와의 관계가 중요할 수밖에 없다. 그런데 타자는 우리가 살아가는 데 불가결한 존재이자 요구의 대상이지만 동시에 모든 문제의 원천이 되기도 한다.

욕구가 이렇게 요구로 전달될 때 타자가 개입하기 때문에 문제가 복잡해져 욕구와 요구가 불일치할 수 있다. 내가 욕구를 잘못 표현해 불일치할 수도 있지만 타자가 이 요구를 온전하게 인정해주지 않거나 아니면 온전하게 채워주지 못할 때 주체는 지속적으로 어떤 결핍을 느끼게 된다. 욕구가 요구로 바뀌는 과정이 되풀이되면 이제 아이는 의존적이 되면서 타자가 무조건적으로 나의 욕구를 인정하고 채워주기를 요구한다. 타자에게 무제한의 사랑을 요구하는 것이다. 내가 무언가를 요구하기도 전에 그것을 채워주고, 미처 결핍을 느끼기도 전에 무제한으로 필요를 충족시켜주기를 원한다. 이것은 아이가 타자인 욕구의 해결자, 즉 엄마에게 의존하면서 그가 부족함이 없는 절대적 사랑의 대상이 되기를 원하는 사랑 자체에 대한 요구다.

그런데 이 사랑에 대한 요구는 절대적으로 온전히 채워줄수 있는 것이 아니어서 늘 어떤 결핍이 남게 마련이다. 사랑에서 인간은 절대 완전한 존재가 아니다. 그러다 보면 욕구를요구로 바꾸는 과정에서 어떤 찌꺼기 같은 게 늘 남게 된다.이것을 잉여라고 불러도 좋고, 아니면 말할 수 없는 어떤 좌절이라 해도 좋다. 바로 이것이 욕망이 시작되는 지점이다. 요구로 표명된 욕구가 충족된 후에도 요구의 또 다른 측면인 사랑에 대한 갈구는 충족되지 않은 채 남게 되고, 이런 잔여 혹은 해소되지 않은 무엇이 욕망을 이룬다.

　만약에 욕구와 요구가 100퍼센트 일치한다면 욕망은 생겨나지 않는다. 동물은 아주 짧은 유아기를 제하면 스스로 욕구를 해결하는 조건에 놓이기 때문에 욕구와 요구가 부딪칠 일이 없다. 그러나 동물과 달리 인간은 욕구가 채워져도 무언가결핍이 남는다. 떼를 쓰는 어린아이들을 보면 엄마가 무언가를 손에 쥐어줘도 그것을 마구 집어던지면서 떼쓰기를 멈추지 않는다. 무언가 불만족스럽기는 한데 그것이 무엇인지 자기도 모르는 상태다. 계속해서 엄마가 "이거 줄까? 이거 먹을래?" 하면서 원하는 게 무엇인지 물어도 아이는 자기가 원하는 게 무엇인지 모른 채 화가 나 있다. 이때 아이는 이런 욕구

불만을 욕망으로 느낀다. '왜 엄마는 내 욕구를 안 채워주는 거지?' 그러나 엄마는 신적인 존재가 아니기 때문에 아이가 바라는 것을 모두 해결해줄 수 없다.

어떻게 보면 인간이 가지고 있는 존재론적 한계가 욕망을 낳을 수밖에 없는 구조인 것이고, 결국 욕망은 부정할 수 없는 것이 된다. 인간의 한계를 보여주는 지표이기 때문이다. 라캉은 결국 "욕망은 충족을 위한 식욕도 아니고 사랑을 위한 요구도 아니며 요구로부터 욕구를 뺀 차이"라고 말한다. 요구에서 욕구를 빼고 남은 이 찌꺼기로 인해 인간의 역사가 시작된다.

무지의 지도 마찬가지다. 우리가 모른다는 것을 알기 때문에 알려고 하듯이, 부족한 게 있기 때문에 이를 채우기 위해 끊임없이 노력하고, 그리고 이를 통해 인간은 역사를 만들고 사회를 만든다. 결국 존재 결여라는 것이 욕망의 출발점이고, 이 존재 결여에 대해 관계를 갖는 방식이 바로 욕망이다. 하지만 존재는 물질로 채워져 있는 것이 아니므로 채울 수 있는 것이 아니다.

이렇게 생각을 확장해나가다 보면 욕망은 결국 불가능한 것, 채워지지 않는 것이라는 아이러니에 도달한다. 시시포스처럼 불가능하지만 계속해서 욕망을 충족시키고자 한다. 그러다 보면 인간은 끊임없이 갈등할 수밖에 없다. 그러나 갈등은 우리가 살아 있다는 것의 또 다른 표현이기도 하다. 갈등이 없다면 삶의 의욕이 없는 상태, 즉 죽은 것이나 다름없다.

인간에 대한 이야기는 복잡할 수밖에 없어서 '갈등은 나쁜 것이다'라거나 '화해는 좋은 것이다'라는 식으로 한 부분만을 고정화시켜 판단해서는 안 된다. 때로는 갈등이 생산적인 하나의 길을 만들기도 하며, 그런 갈등이 있기에 사회가 발전하는 것이기도 하다. 하나의 개념이나 인간의 상태를 입체적이고 변증법적으로 바라볼 필요가 있으며, 그래서 철학이 중요한 이유이기도 하다.

대타자의 추락이 필요

위에서 욕망이 개인적인 것인지, 사회적인 것인지, 그리고 물질적인 것인지에 대한 질문을 던졌었는데, 결국 욕망은 관계에서 나오는 것이다. 나와 나의 관계가 중요하듯이 욕망은 나와 나의 관계이기도 하고, 또한 욕망을 인정해주는 타자에 대한 관계도 포함한다. 그렇기에 이 욕망에 대해 올바른 태도를 갖는 것이 중요하다. 나의 욕망을 인정받아야 하기 때문이다.

그러나 나의 욕망과 타자의 욕망은 불일치하기도 한다. 만약에 타자의 욕망과 나의 욕망이 불일치하지 않는다면 그것은 타자가 아니라 자아일 것이다. 그러나 자아조차도 우리한테는 낯선 것이다. 내가 원하는 것을 모를 수도 있기 때문이다. 하물며 타자와의 관계에서는 더욱 그렇다. 내가 원하는 것을 타자가 잘못 이해할 수도 있고, 아니면 타자가 나의 욕망을 충족시켜주었으나 나는 '이게 아닌데…'라고 반응할 수도 있다. 타자의 욕망은 우리의 욕망을 촉발시키는 출발점이 될지는 모르나 타자의 욕망 자체가 절대적인 답은 아니기 때문이다.

　욕망은 존재의 결핍 혹은 존재의 결여로 인해 벌어지기 때문에 순수한 존재를 회복하고자 하는 욕망의 본질을 바로 이해할 필요가 있다. 그러나 우리는 삶속에서 이 존재의 목소리를 잃어버린 채 자꾸만 이 존재를 물질적인 것, 눈에 보이는 것, 남들과 비교 가능한 것으로 드러내려 한다. 그러면 인간은 존재의 방식이 아닌 소유의 방식을 지향하게 된다. 이 소유의 방식은 결국 욕망을 변질시켜 우리로 하여금 무한한 가능성을 품는 대신 그 욕망으로 인해 고통받게 만든다.

　불교에서 말하는 갈애나 윤회(輪廻)는 인간이 자신의 욕망 때문에 당하는 고통을 상징적으로 보여주는 개념들이다. 결국 타자는 내 욕망을 불러일으킬 수 있는 조건인 동시에 다른 한편으로는 나의 욕망을 억압하거나 또는 소외시키면서 욕망의 부정적인 면을 노출할 수도 있는 존재다. 다시 말해 타자에 의지해야 하지만 그렇다고 해서 절대적으로 타자에 의존해서는 안 된다는 이야기다.

우리 스스로가 자신의 욕망을 찾아야 하는 이유는 우리도 모르는 사이에 타자의 욕망에 길들여져 살아가기 때문이다. 어린이나 젊은이들에게 자신의 미래가 어떻게 펼쳐질 것 같으냐고 물어보면 상당수가 안정적인 직장, 소확행 등으로 자기 자신의 미래를 제한하는 경향이 강하다. 이것이 우리의 본래 모습이라기보다는 우리 사회가 개개인의 욕망을 억압하고 틀을 만들어 특정한 욕망을 강요하는 데에서 생겨난 현상일 수도 있다. 거기에서 비롯된 좌절이 이런 모습으로 표현되기도 하는 것이다.

욕망의 길에서 무조건적으로 타자에 의지하는 것은 결국 소외와 의존성을 심화시킨다. 타자의 인정이 중요하지만 종국에는 그것에서 벗어나 나의 고유한 욕망을 찾아야 한다. 계속해서 타자의 인정에 매달리는 것은 소외의 상태에 다름 아니기 때문이다. 그래서 어느 순간 우리는 우리가 의지하는 타자를 추락시키는 것이 필요하다. 선불교에도 '부처가 되려면 부처를 죽여라'라는 유명한 말이 있다. 부처가 되려는 자는 자기 안에 있는 불성을 발견해야지, 부처를 쫓아다녀서는 안 된다는 가르침이다. 부처처럼 되려고 하다 보면 그것 또한 다른 우상이 될 수 있기 때문이다. 타자의 욕망에 의지해야 하고 타자의 욕망을 통해 나를 들여다보아야 하지만 타자의 욕망에 맹목적으로 끌려가다 보면 자기 소외를 경험할 수밖에 없다.

타자뿐 아니라 자아도 추락시켜야 한다. 오늘날 우리는 '비워내기'가 필요하다. 이를 라캉의 용어를 빌리면 '주체의 궁핍화'라고 한다. 우리의 몸만 하더라도 가끔은 단식이나 다이어트를 통해 몸 안에 공백을 만들어줄 때 오히려 유기체의 순환이 활발하게 이루어진다. 사회적으로도 마찬가지이고, 개인적 삶에서도 일종의 궁핍화가 필요하다. 이 궁핍화는 빈곤이나 박탈과는 다른 개념이다. 스스로 자신의 존재에 철저할수록 물질적인 것에서 벗어날 수 있다. 이런 것이 바로 궁핍화의 의미다.

우리가 욕망 때문에 괴로워하는 것은 욕망에 대한 이런 근본적인 태도를 배우지 못했고 훈련하지 못했기 때문이다. 결국 자기를 돌아본다는 것은 나의 욕망을 돌아본다는 것과 같고, 타자의 욕망에서 벗어나 순수한 자신의 욕망을 발견하는 것과 같다. 그러나 오늘날의 소비사회는 이것을 어렵게 만든다. 소비사회는 무한한 생산을 통해 개인의 욕망을 매우 과장하게 만들고, 욕망이 욕망을 낳는 사회를 만든다.

'소비사회'는 프랑스 사회학자 장 보드리야르(Jean Baudrillard)가 사용한 표현이다. 보드리야르가 정의하는 소비사회는 기호화된 소비를 하는 사회를 말한다. 기호라는 것은 사회가 인정하는 것이다. 쉬운 예로 자동차 자체를 욕망한다기보다 고급 외제차나 스포츠카 등을 타고 다닐 때 남들에게 보이는 나의 모습을 욕망하는 태도를 떠올리면 된다. 그렇다 보니 기호가 기호를 소비하는 소비의 메커니즘에 빠지게 되는 것이다.

이런 소비사회의 욕망을 실존에 대한 욕망으로 바꿔야 한다. 욕망이 겨냥해야 하는 것은 내 존재이지 물질이 아니다. 물론 인간은 물질을 필요로 한다. 욕구를 가진 존재이기 때문이다. 그러나 물질적 욕망이 내 욕망의 전체가 되어버리면 결국 그 물질적인 것으로 나의 참된 존재인 실존을 억압하거나 가려버릴 수 있다.

자본주의 사회는 과잉생산과 과잉소비를 끊임없이 요구한다. 필요에 따라 소비를 하는 것이 아니라 소비의 논리에 따라 소비를 하고, 자본을 축적하면 할수록 더 많은 자본을 축적하게 만드는 것이 자본의 논리다. 특히 신자유주의 체제는 무한한 경쟁을 도입하면서 생산을 멈추지 않는 사회를 만들었다. 그러면서 인간이 편리하게 살고자 만들어진 여러 가지 상품들과 그것이 유통되는 시장, 그리고 이 모든 사회적인 것들이 오히려 인간을 피로하게 만든다.

　철학자 한병철 교수는 이것을 '피로사회'라고 이야기한다. 피로사회는 우리가 노예처럼 일을 하고, 착취당하는 사회가 아니라 스스로가 스스로의 주인으로 자신을 착취하는 사회다. 나의 모든 것에 대해 나 스스로 책임을 져야 하고 나의 삶을 관리하는 주체는 나이기 때문이다. 이것은 굉장히 중요한 개념으로, 자기관리의 주체가 됨으로써 사실은 자기 자신을 끊임없는 생산과 소비의 순환 속에 가둬버리는 것이다. 에리히 프롬은 소유의 삶을 지속하는 한 우리는 인간 소외에서 벗어나지 못하기 때문에 존재의 삶으로 바꾸는 것이 필요하다고 이야기한다.

　청빈하게, 그리고 구도자처럼 살라는 말이 아니라 욕망이 존재를 겨냥한다는 의미를 제대로 이해해야 한다는 뜻이다. 내 삶의 어떤 원동력으로서 욕망을 발견해야지, 타자의 욕망에 휘둘리는 것은 결국 불행을 불러올 수밖에 없다.

자아의 관계는 욕망에 대한 것들로부터 나온다. 자아의 존재 발견은 곧 나의 존재를 지속시키고, 스피노자의 말처럼 코나투스로의 발전을 의미한다. '진정한 욕망을 어떻게 발견할 것인가?' 하는 것은 자아에 대한 물음의 두 번째 단계로 이어진다. 나의 존재에 대해 생각하려면 그에 대한 정념으로서 욕망의 의미를 찾아낼 필요가 있다.

훗날 라캉은 '인간의 본질은 욕망'이라는 스피노자의 주장을 자기 사상의 모토로 삼는다. 하지만 스피노자의 코나투스 자체가 라캉의 욕망과 똑같은 것은 아니다. 스피노자는 존재 보존을 위한 모든 존재자의 노력이 코나투스라고 이야기한다. 하지만 라캉에게는 인간적인 방식 자체가 욕망이다. 우리는 개나 고양이의 욕망을 이야기하지 않는다. 인간만이 욕망을 갖기 때문이다.

그럼에도 이 두 사람의 분명한 공통점은 존재를 끊임없이 고양시키고자 하는 일종의 열정이 욕망의 본성으로 정리된다는 것이다. 라캉은 욕망을 부정적으로 이야기했지만 그렇다고 해서 그것이 염세주의적인 태도를 뜻하는 것은 아니다. 욕망 자체를 매우 민감하게 이해할 필요가 있다는 의미다. 욕망을 통해 충족을 느끼고, 욕망을 통해 평안함을 채우려는 것들이 자칫 소외된 욕망을 부풀릴 수 있기 때문에 오히려 고행(성찰) 쪽에 가깝게 나아가야 한다. 자기 자신을 성찰하면서 자신의 욕망의 주인이 되고자 하는 것이다.

순수 욕망은
어디로부터
오는가

욕구가 되어버린 욕망

무엇을 갖고자 하는 마음은 사실 욕망이 아니다. 왜냐하면 이런 집착이나 탐심은 어떤 대상에 매달리는 것이다. 그 대상이 돈이 되었건 명예가 되었건 사랑이 되었건 인정이 되었건 이런 집착들은 내가 얻고자 하는 소유와 관계가 있기 때문이다. 그런데 실제 욕망은 이런 것이 아니라 일종의 의지이며 삶의 열정으로 정의되어야 한다. 이것이 순수 욕망의 바른 정의이며, 대상에 집착하는 것은 욕구가 되어버린 욕망이거나 요구가 되어버린 욕망이다.

우리는 모두 순수한 욕망을 가질 필요가 있다. 그러나 그것은 욕망에 대해 종교적이고 엄격한 윤리적 태도를 가지라는 의미가 아니다. 대상에 대한 욕망은 욕망의 본질을 왜곡시킬 수 있기 때문이다. 러시아의 대문호 톨스토이의 단편소설 『사람에게는 얼마만큼의 땅이 필요한가』를 토대로 대상에 대한 욕망의 예를 한번 살펴보자.[9]

소작농이었던 바흠은 땅을 경작해 근근이 살아가는 처지였다. 어느 날 도시에 사는 처제가 찾아와 언제까지 이렇게 농사나 지으며 돼지우리 같은 집에서 가난하게 살 거냐고 말한다. 그러자 바흠과 아내는 땅이 있으면 좀 더 풍족하게 살 수 있는데 땅이 없어서 그렇다며 땅만 있으면 우리는 악마도 무섭지 않다고 말한다. 그러자 악마는 그들에게 소량의 땅을 갖게 해준다.

바흠 부부는 만족하며 열심히 농사를 지었다. 하지만 시간이 지날수록 땅이 조금만 더 넓었으면 좋겠다는 생각이 들었다. 바흠 부부는 이웃 마을과 조합을 통해 조금 더 많은 땅을 얻어 열심히 농사를 지었다. 그러나 밀농사도 지어야 하고 가축도 키우려면 여전히 땅이 부족했다. 이전에 비해 땅은 많아졌으나 이상하게도 늘 땅이 부족하다는 느낌이 들었다. 이 모든 것이 악마의 계획이었다. 악마는 바흠에게 유혹적인 제안을 하기로 한다.

한 마을에 아주 비옥한 땅이 있었다. 그 마을의 촌장은 바흠에게 하루 종일 걸어서 출발 지점으로 다시 돌아오면 그 돌아다닌 만큼의 땅을 모두 주겠노라고 제안한다. 단 해가 떨어질 때까지 돌아오지 못하면 이 계약은 무효가 된다는 조건이었다. 바흠은 제안을 받아들였다.

바흠은 원하는 땅을 얻기 위해 출발했다. 처음에는 땅을 소유할 생각에 들떠서 신이 났지만 날이 덥고 힘이 들자 슬슬 지쳐갔다. 하지만 내가 밟은 땅이 모두 내 것이 된다고 생각하니 욕심이 생겼다. '이쯤에서 돌아가야 할 것 같은데' 하는 생각이 들었지만 눈앞에 비옥한 땅이 보이면 '저기까지만 더 가자' 하며 조금 더, 조금 더 멀리 나아갔다.

그러다가 너무 멀리까지 가버린 바흠은 빨리 돌아가지 않으면 땅을 잃어버릴 것 같다는 생각이 들어 출발점을 향해 뛰기 시작했다. 저 멀리 자기가 출발했던 지점이 가까워지고, 사람들이 빨리 돌아오라고 손짓하지만 바흠은 피를 흘리며 쓰러졌고 끝내 죽음을 맞이했다. 땅에 대한 욕심으로 무리한 나머지 목숨을 잃은 것이다. 사람들은 땅을 파 바흠을 묻어주었고, 바흠은 결국 한 뼘 땅에 묻혔다.

사람들에게는 과연 얼마만큼의 땅이 필요한가? 결국 자기가 묻힐 땅만 있으면 되는데, 인간에게는 땅이 필요하다는 욕심이 끊임없이 생겨난다. 처음부터 이런 욕심이 생기는 것은 아니다. 자기한테 얼마의 땅이 주어지자 만족하고 살다가 주변을 보면서 점점 더 많은 양의 땅을 원하게 된다.

이 이야기에서 보듯 인간의 욕구는 절대 끝이 없다. 하나가 충족되면 또 다른 욕구가 생겨나는데, 이것은 쾌락과 집착의 형태로 인간을 소외시키는 거짓 욕망, 즉 욕구화된 욕망이다. 그러다 보면 어떤 것을 얻을수록 더 큰 것, 더 많은 것, 더 값진 것을 탐하게 된다. 오늘날 우리의 삶과 비교할 수 있다. 예전의 삶이 정말 어렵고 가난해서 생긴 빈곤이었다면, 오늘날의 현대인들은 풍요 속에서의 빈곤을 겪는 삶이다. 실제로 아무것도 가지지 못해서가 아니라 다른 사람과 비교했을 때 부족하다고 느끼기 때문에 항상 나는 아무것도 없다고 생각한다.

욕망이 절대적 빈곤과 큰 상관이 없음을 쉽게 이해할 수 있다. 옷장을 열면 빽빽하게 옷이 걸려 있지만 우리는 항상 입을 옷이 없다고 투덜댄다. 유행이 지나갔거나 다른 사람은 가지고 있는데 나한테는 없는 게 많다고 생각하기 때문이다. 집착으로 발전하는 이런 욕구는 잘못된 욕망이다. 도덕적으로 문제가 있는 것이 아니라 자기 자신을 향유하지 못하게 만든다. 욕망을 누리고 욕망에서 만족을 얻는 것이 아니라 집착 자체가 또 다른 집착을 낳는 형태가 되는 것이다. 이것이 바로 욕구가 되어버린 욕망이다.

요구가 되어버린 욕망

요구가 된 욕망은 지나치게 사회나 타자를 의식하는 것을 말한다. 그래서 내가 갖는 것보다 남들이 나를 어떻게 보는가를 더 중요하게 여긴다. 예를 들어 직업을 선택할 때도 자신의 적성을 고려하는 게 아니라 사회가 선호하는 직업을 선택하려 하고, 내가 이런 직업에 종사하면 남들이 나를 어떻게 볼까를 먼저 생각한다.

사회나 타자를 지나치게 의식하는 것은 뒤집어보면 어떤 보상심리가 끊임없이 작용하는 것이다. 그래서 남들한테 자기를 바라봐줄 것을 강요하고, 남들이 인정해주지 않으면 이 욕망이 좌절되면서 우울감이나 부정적 정서를 겪게 된다. 욕망에서 제일 중요한 것은 내적인 열정이자 충만인데 끊임없이 남을 의식하다 보니 결국 이것을 잃어버리게 된다. 아리스토텔레스는 『니코마코스 윤리학』에서 명예는 사이비 욕망이라고 이야기한다. 명예는 내가 스스로에게 부여하는 것이 아니라 타인이 부여해주는 것이기 때문이다.[10]

이런 사람들은 끊임없이 자신의 결핍을 타인의 인정을 통해 채우려 한다. 오늘날 우리나라뿐만 아니라 전 세계의 많은 청소년들에게서 우울증과 같은 현상이 늘고 있는 이유 중 하나로 사회관계망 서비스의 발달도 무시할 수 없다. 실시간으로 남과 자기를 비교하다 보니 그것으로 인해 불필요한 욕망이 생겨난다. 굳이 알 필요 없는 타인의 사생활을 속속들이 들여다보면서 남이 가는 곳, 남이 먹는 것, 남이 입는 것, 남이 타는 것은 나도 다 하고 싶어지는 것이다. 이런 것이 바로 요구화된 욕망이다.

결국 욕망은 나의 존재를 실현하고자 하는 의지다. 내 존재를 실현하려면 욕구의 충족도 있어야 하고 요구의 충족도 있어야 하지만 정말 중요한 것은 어떤 존재에 대한 충실성이며, 나는 이것을 순수 욕망이라고 이야기한다. 하지만 타자의 시선을 의식하는 사람은 계속된 요구의 욕망을 되풀이한다.

빅터 프랭클이 아우슈비츠 수용소에서 버텨낼 수 있었던 힘은 '나는 꼭 살아나갈 것이다'라는 희망 섞인 기대가 아니라 순간순간의 삶에서 의미를 찾는 삶에 대한 의지였다. 그의 책『빅터 프랭클의 심리의 발견』에는 이런 조사 결과가 등장한다. 하이델베르크의 병원장 플뢰게 교수가 자살을 시도한 50명을 대상으로 조사한 결과 자살 동기의 가장 큰 원인은 고난, 질병, 콤플렉스, 갈등이 아니라 삶을 의미 없어 보이게 만드는 내적 불만족, 즉 권태나 무기력, 무의미 때문이었다.[11]

빅터 프랭클은 이런 깨달음을 통해 병리적으로 문제가 있는 것은 삶에 대한 의미를 제대로 발견하지 못하고 의지가 없기 때문이며, 삶의 의미가 있는 사람은 얼마든지 치료가 가능하다고 생각했다. 이것은 곧 순수 욕망과도 통한다. 순수 욕망은 나의 삶을 잘 실현하는 것이지, 남들에게 인정받거나 과시하려는 나르시시즘과는 엄연히 다르다.

코나투스와 영성의 회복

스피노자는 인간의 욕망은 자연적이고 지적이며 활동적인 힘의 증가이며, 이런 존재의 힘이자 긍정의 힘이 곧 욕망이라고 이야기한다. 집착처럼 어떤 대상에 매달리는 것은 결핍을 전제로 한다. 욕망은 이런 부정적인 결핍이 아니라 기쁨과 슬픔이라는 두 가지 정서 중 기쁨으로 향하는 것들이다. 인간은 기

뿜을 바라고 슬픔을 피하고 싶어 한다. 기쁨은 자신의 역량이 상승할 때 느끼는 정서이고, 이것을 지향하는 것이 욕망이다.

그래서 스피노자는 모든 존재는 코나투스를 갖게 마련이라는 아주 멋진 말을 남겼다. 바로 이것이 욕망의 본질에 가깝다. 철학자나 종교 지도자들처럼 자기 삶에 대해 성찰하는 사람들은 욕망을 대단히 중요하게 여길 수밖에 없다. 흔히 소비 사회에서 말하는 욕망은 이런 욕망과는 거리가 멀다.

욕망은 내 존재에 대한 발견이자 그것에 대한 의지다. 무조건적인 의지를 가지면 맹목적인 집착으로 발전하기 쉽다. 존재를 기반으로 이것을 실현하려는 것이 욕망의 참 모습이어야 한다. 새로운 소질을 발견하고, 직업을 바꾸고, '부캐'를 만들며, 취미 활동을 하는 것들이 그런 예다. 이렇게 자신의 모습과 삶의 활력을 만들어줄 수 있는 욕망은 우리의 삶을 영적으로 풍요롭게 만든다.

물론 그 가운데 물질적인 것이 따라올 수도 있다. 하지만 물질적인 것을 통해 나의 존재나 내 삶의 의미를 채워나가려는 것은 여전히 쾌락을 추구하는 잘못된 삶이다. 프랑스 철학자 미셸 푸코(Michel Foucault)는 『주체의 해석학』에서 영성(spirituality)의 회복과 실현이 곧 욕망의 본질이라고 말한다. 그는 영성을 고양시킨 대표적인 학문으로 정신분석학을 꼽는다.

푸코는 데카르트의 합리론, 로크나 흄의 경험론 등 '인식'에 초점을 맞춘 17세기 철학과 '영성'을 도입한 19세기 철학을 대립시킨다. 그는 욕망과 연관 지어 영성의 고양을 모색해야 하는 것이 오늘날의 철학이며, 주체의 해석학은 "나의 삶을 멋있게 만들어나가는 실존의 미학"이라고 표현한다.

결국 영성이란 자신의 능력과 고유성을 실현시키는 인간의 특이성이며, 이런 영성을 고양시키는 것은 욕망의 본질과 맞닿아 있다. 욕망을 잘 실현한다면 우리의 삶은 매우 풍요로워진다. 여기서 말하는 풍요란 나 자신이 누리는 풍요로움이다. 나의 가치를 타인의 시선과 인정, 평가로 가늠하는 그런 경쟁적 욕망이 아니라 나만의 욕망을 찾아 나의 존재를 실현할 수 있어야 한다.

인간은 욕망 때문에 삶의 다양한 모습을 만든다. 그러나 물질적 욕구에 지나치게 집착하거나 타자의 시선이나 인정에 매달리다 보면 소외된 욕망이 우리를 지배한다. 소외된 욕망이란 내 욕망이 아닌 타자의 욕망을 좇고, 타자의 욕망의 지배를 받는 비주체적 상태를 말한다. 소외된 욕망에 빠지는 것은 지나치게 인정에 매달리기 때문이며 결국 타자의 욕망에 매이게 된다. 욕망은 물질을 많이 소유하는 것도, 타자의 부러움을 사고 나의 가치를 인정받는 것도 아니다. 그것은 나의 존재를 그 자체로 소중히 하고, 나의 정체성과 가치를 실현하기 위해 노력하는 것이다. 내 삶의 주인이 되는 것, 그것이 욕망의 본질이며, 그래서 순수 욕망이 중요하다.

내 ——
안의 ——
불안을 ——
마주하다 ——

3

불안은
미래를 향해 열려 있는

실존의 지표이자
자유의 가능성이다.

내 안에
검은
그림자가 있다

불안은 인간이 일상적으로 경험하는 흔한 정서이자 부정적,
긍정적 상황 모두에서 일어날 수 있는 심리 상태다. 예컨대
공부를 게을리 한 학생이 시험을 목전에 두거나 사업하는 사
람이 여러 이유로 거래 약속을 지키지 못해 파산할 것 같은
불길한 예감을 가질 때 느끼는 것이 불안이다. 이런 불안은
두려움과 초조함을 동반한다. 하지만 긍정적 상황, 예컨대 미
지의 곳으로 오래 계획하던 여행을 가거나 소개팅으로 누군
가를 만나면서 호기심 어린 기대를 할 때, 또는 뭔가 큰 변화

가 기대될 때 느끼는 감정도 불안이다. 이때의 불안은 설렘과 막연한 불길함을 동반한다.

불안은 인류에게 가장 친숙한 감정이자 가장 만연한 정서적 경험이지만 그것이 불안이라는 명칭으로 명명되면서 본격적으로 연구된 것은 19세기에 들어와서부터다. 이전에는 여러 형태의 공포, 두려움, 번민, 죄의식 등의 복합적 감정으로 막연하게 불안을 설명했지만 오늘날은 정신의학, 정신분석학, 철학 등 다양한 분야에서 연구가 이루어지면서 점점 그 양상과 설명도 구체적이다. 여하튼 불안은 인간 고유의 정서라 할 수 있다.

그렇다면 우리는 언제 불안을 느낄까? 불안은 우리가 세계, 사회, 그리고 타인과 관계를 맺을 때 느끼는 정서 상태다. 혼자 있을 때 불안을 느낀다면 사르트르가 말한 것처럼 보이지 않는 시선을 의식한다는 것이며, 불안하다는 것은 인간이 관계적 존재라는 것의 징표다. 물론 불안은 정서만이 아니라 인간 행동을 방향 짓는 일종의 작인이자 예감이기도 하다. 불안은 내 안에 있지만 외부와의 관계를 잘 보여주는 지표다.

최근 들어 불안은 정신의학적으로 가장 흔한 정신장애의 하나이자 치료 대상으로 인식되고 있다. 이는 우리나라뿐 아니라 세계적 추세이기도 한데 정신의학자들이 주로 활용하는 '정신질환 진단 및 통계 편람(DSM) 5판'에서 점점 비중이 느는 항목이 불안장애다. 그런데 불안은 무조건 치료와 제거의 대상이며 부정적 역할만 할까? 정신병리적 의미에서 불안이 아니라 긍정적인 측면, 그리고 그동안 우리가 잘 모르고 있었던 불안에 대해 알아봄으로써 나와 나의 관계, 그리고 나와 타자, 세계와의 관계를 어떻게 잘 맺을 수 있을지 생각해보자.

정신의학적 측면에서 불안은 신체와 심리 반응을 수반하는 불쾌한 정동이나 정서적 상태를 말한다. 불안과 가장 흡사한 정서가 초조함이나 두려움일 텐데, 사실 불안은 초조함도 두려움도 아닌 불안 고유의 정동을 갖고 있다. 그리고 정신적인 것만이 아니라 생리적인 것 또한 동반한다. 예를 들어 불안을 느낄 때 가슴이 뛴다거나 답답하다거나 머리가 아프다거나 하는 등의 증상이 나타난다. 불안은 신체적인 것과 심리적인 것을 모두 아우르는 지극히 인간적인 반응이다. 강아지도 불안을 느끼지 않느냐고 할 수 있다. 하지만 강아지가 느끼는 불안은 본능적으로 느끼는 두려움과 연관된 생물학적 자동 반응에 가깝다. 불안은 인간 고유의 정동이며 복합적이다.

불안에 관한 연구에 가장 획기적인 공헌을 한 사람은 프로이트다. 프로이트 이전에는 불안이라는 단어가 명확하게 구별되지 않고 신경쇠약 등과 혼용되었다. 신경쇠약은 신체적으로, 그리고 정신적으로 쇠약해져 내외의 자극에 과민하게 반응해 초조해지거나 피로해지기 쉬운 증후군이다. 프로이트는 신경쇠약과 불안을 분리했다. 그는 불안은 방출하지 못한 성적 리비도에서 발생하는 것이라고 정의했다. 어떤 외적 자극이 불쾌감을 조장할 때 이것을 제대로 방출하지 못하면 불안이 생기며, 여기서 내적 자극은 성적인 것과 연관되는 경우가 많다는 이야기다. 한마디로 불안을 성적 억압의 결과물로 본 것이다.

그러나 프로이트는 나중에 이런 주장을 수정한다. 그는 자동적 불안이라는 말을 사용하며 이것을 상황에 대한 무기력, 즉 어떤 상황에 처했을 때 아무것도 하지 못하고 무기력해질 때 나타나는 불안 반응으로 보았다. 이렇게 불안을 내부 심리 상태를 알려주는 지표로 해석하다가 1930년대 즈음부터는 불안을 어떤 위기 상황이나 미래에 대해 알려주는 경고로 분석했다. 불길하거나 불확실한 것에 대응하지 못하는 상태를 불안이라고 정의한 것이다.

불안에 대한 개념이 제대로 정립된 지가 얼마 되지 않다 보니 불안에 대한 초기 연구는 대부분 생리적 차원에서 진행되었다. 불안이라는 용어를 사용하기 전까지는 신경쇠약, 정서적 무기력, 불쾌감, 두려움 등을 동반하는 것을 오랫동안 '멜랑콜리(melancholy)'라는 이름으로 통칭했다. 그러다가 19세기에 프로이트가 불안을 신경증과 연관시켜 연구하는 과정에서 불안의 중요성에 대해 주목하게 되었고 많은 연구가 일어났다. 그러면서 불안은 점차 생리학적 분석에서 심리학적 분석의 대상으로 바뀌어갔다. 불안은 실존주의 철학자들 역시 큰 관심을 가졌던 주제이며, 오늘날 정신의학에서도 매우 비중 있게 다뤄지는 분야다.

프로이트를 계승한 정신분석학자이자 철학자 라캉도 불안에 대해 많은 관심을 기울였는데, 그의 관점은 조금 특이한 면이 있다. 언뜻 생각할 때 내부의 무언가가 제대로 발산되지 못하거나 어떤 상황에 갇혔을 때 불안을 느끼는 것 같지만 라캉은 오히려 우리 안에 결여된 부분이 채워지려 할 때 불안을 느낀다고 말한다. 결여라는 것은 내가 자리 잡을 수 있는 공간인데 그 결여가 아예 없을 때 불안을 느낀다는 것이다. 결여의 결여가 곧 불안이라는 뜻이다.

주체의 자리가 비어 있지 않고 채워져 있을 때 느끼는 압박감이 바로 불안이며, 이런 불안을 회피하기 위해 주체는 어떤 특정 대상에 대한 공포증을 만든다. 불안보다 공포가 더 견디기 쉽기 때문이다. 공포와 불안은 같은 것 같지만 엄연히 다르다. 공포는 어떤 특정한 대상을 두려워하는 것이고, 그 대상을 피하면 해소된다. 예를 들어 개를 무서워한다고 했을 때 개에 대한 공포증일 수도 있고, 불안을 회피하기 위해 개에 대한 공포증을 만들어낸 것일 수도 있다.

라캉에게 결여는 욕망과 관련해 굉장히 중요한 개념이다. 욕망야말로 인간다움을 만들어주는 본질에 해당하며 욕망은 결여가 있을 때 제대로 작동할 수 있다. 그런데 어떤 이유로든 결여가 채워지려 할 때 인간은 오히려 불안을 느낀다. 예를 들어 아이가 삶에서 결핍을 느낄 때 힘들기도 하지만 그 때문에 삶의 다양한 욕망을 추구하기 마련이다. 그런데 이런 결여를 느끼기도 전에 부모가 모든 것을 채워준다고 가정해보자. 모든 것을 부모가 알아서 다해주니 아이가 행복해할 것 같지만 실제 이 아이는 무기력을 느낄 수 있다. 이런 위험에 대한 신호로 느끼는 것이 불안이며 그것은 삶에서 긍정적 기능을 수행하기도 한다. 이런 것들이 정신분석에서 말하는 불안의 개념이다.

불안의 긍정성을 설명하기 이전에 먼저 불안장애에 대해 간략히 살펴보자. 한국은 2001년부터 보건복지부 주최로 5년마다 전 국민 정신질환별 조사 결과를 발표하고 있다. 2016년 통계를 보면 주요 우울장애가 전체 유병률의 5퍼센트인데 반해 불안장애는 9.3퍼센트로 상당히 높다.

한국 주요 정신질환별 조사 결과

	평생유병률			일년유병률		
	전체	남	여	전체	남	여
주요 우울장애 (우울증)	5.0%	3.0%	6.9%	1.5%	1.1%	2.0%
불안장애	9.3%	6.7%	11.7%	5.7%	3.8%	7.5%
조현병 스펙트럼장애	0.5%	0.5%	0.4%	0.2%	0.2%	0.2%
알코올 사용장애	12.2%	18.1%	6.4%	3.5%	5.0%	2.1%
니코틴 사용장애	6.0%	10.6%	1.4%	2.5%	4.5%	0.6%
자살생각 및 시도	15.4%					

• 불안장애: 다양한 형태의 비정상적이고 병적인 불안과 공포로 인해 일상생활에 장애를 일으키는 정신장애 • 조현병 스펙트럼장애: 망상이나 환각, 현실에 대한 판단력 저하로 사회적, 직업적 또는 학업적 영역에서 적용에 상당한 문제를 겪는 상태(출처: 보건복지부, 2016)

이외에 조현병 스펙트럼장애가 0.5퍼센트, 알코올 사용장애가 12.2퍼센트, 니코틴 사용장애가 6.0퍼센트이고, 자살 생각 및 시도가 15.4퍼센트로 매우 높다. 넓은 의미의 불안장애에는 우울증이나 자살 시도들도 포함될 수 있기 때문에 그렇게 본다면 불안장애는 더 높은 비율을 차지한다고 볼 수 있다.

표에도 나타나 있듯이 평생에 한 번 병에 걸릴 확률이 25퍼센트 정도이며, 이는 우리나라 인구 네 명 중 한 명 정도는 어떤 형태로든 정신질환을 경험할 수 있다는 이야기다. 실제로도 우리 주변에는 공황장애, 불안장애, 폐쇄공포증, 기타 우울증이나 강박장애 등을 호소하는 사람들이 적지 않다. 넓은 의미에서 불안장애는 이런 병적인 불안이나 두려움으로 인해 일상생활 자체에 지장을 받는 상태를 이야기한다. 보건복지부 통계를 보더라도 그 수가 심각할 만큼 많아졌는데, 안타깝게도 코로나 블루로 인해 2021년 국민 정신건강 실태조사에서 우울장애는 7.7퍼센트로 더 늘었다.

코로나 블루가 아니더라도 한국 사회가 불안사회가 된 지는 이미 오래다. 사회학자들이 이야기하는 한국 사회의 불안은 특히 1997년 금융위기 이후 두드러진 각자도생(各自圖生)의 경쟁사회 체제를 그 원인으로 꼽는 경우가 많다. 사회가 각박해지고 살기가 힘들면 정신질환도 늘어나기 마련인데 가장 흔하게 증가하는 것이 우울증과 불안장애다. 불안은 개인적 정신장애이기도 하지만 사회 환경의 영향을 많이 받는다. 지금 코로나19 상황처럼 사회의 여러 환경이 안 좋아지고, 무엇보다 개인의 고립감이 심화될수록 사회적 불안이 증대한다. 이런 원인의 불안사회는 극단주의를 불러온다. 나를 도와주는 사람은 아무도 없다거나 험한 세상을 나 혼자 헤쳐나가야 한다는 생각은 개개인을 더더욱 불안으로 몰아넣는다.

오늘날 1인 가구는 점차 늘어나는 반면, 가족이나 지역, 공동체 등 전통적으로 개인을 보호해주던 많은 시스템들은 점차 무너지고 있다. 그런 환경 속에서 개인은 숙명적으로 불안에 내몰릴 수밖에 없다. 우리 주변에서 공황장애나 폐소공포증을 앓고 있는 사람들을 어렵지 않게 볼 수 있는데, 이 또한 불안장애의 일종이다. 예전에는 아주 드물던 질환이 일상화된 모습으로 나타나는 것이다. 그리고 정신질환을 호소하는 연령층도 점점 낮아진다. 유아강박증, 주의력결핍장애, 우울증 등 심지어는 초등학생들도 여러 형태의 스트레스가 심화되면서 정신적 고통을 많이 호소한다.

코로나19라는 전대미문의 사태를 겪으면서 사람들은 코로나 이후의 삶이 어떻게 바뀔지에 대해 엄청난 불안감을 가지고 있다. 재택근무, 원격수업, 거리두기 등 실제로 우리 사회는 본의 아니게 이제껏 경험해보지 못한 다양한 일들은 경험하고 있다. 사람과 사람이 만나는 형태 자체가 경험해보지 못한 전혀 다른 방식으로 바뀌고 있는 것이다. 이런 현상이 일시적일 것이라고 보는 사람은 많지 않다. 우리가 미처 준비하고 대응하기 전에 밀어닥친 변화된 상황이 급속한 라이프 스타일의 변화를 초래하고 있는 것이다.

코로나19 이전의 삶으로 완전하게 돌아가는 것은 어쩌면 불가능한 일일지도 모르며, 이른바 '뉴노멀(new normal)'이라 불리는 새로운 삶의 방식들이 나타나고 있다. 그러면 우리는 어떻게 살아가야 할까? 과연 우리의 미래는 어떻게 변화할까? 이런 불안감들이 확산할 수밖에 없다. 불안장애라고 명명할 정도의 심각한 상황이 아니더라도 일상적인 생활 속에서 사람들은 불안이라는 정서를 가장 많이 느낄 것이다. 미래에 대한 불안, 내 삶에 대한 불안, 주변 사람에 대한 불안, 그리고 자기 자신에 대한 불안. 불안장애는 현재 상황이 불투명한 데에서 느끼는 불확실함, 미래에 대한 두려움, 그리고 현재 내 삶의 조건이 위태롭다는 신호의 여러 의미가 중층화된 복합적 상태다. 그리고 특별히 심약한 사람이나 병리적 체질이 아니어도 상황에 따라 얼마든지 느낄 수 있는 게 불안이다. 가장 쉽게 우리를 엄습하는 게 불안이고, 현대사회에서 그 증상은 더욱 더 다양해진다.

이렇게 불안은 우리 삶에 가장 가까이 있지만 가장 두려워하고 부정하고 싶어 하는 정서이기도 하다. 그러나 무조건 불안을 부정하고, 치료의 대상처럼 생각하기보다는 그것과 함께 살면서 내 삶의 무늬를 만들려는 노력이 중요하다.

윈스턴 처칠은 생전에 우울증을 앓았는데 그는 평생 그림자처럼 자신을 쫓아다닌 이 지독한 우울증을 '블랙독(black dog)'이라 부르며 함께 살았다고 한다. 그 결과 그는 평생 많은 글도 쓰고, 수상으로 공적인 업무도 잘 감당할 수 있었다. 불안도 마찬가지다. 처칠의 삶을 보면서 우리는 불안에 대해 어떻게 대처해야 할지 배울 필요가 있다. 우리 모두는 각자의 블랙독을 가지고 살아간다. 그런데 떨쳐버릴 수 없다면 함께 살아갈 방법을 찾아야 한다.

불확실한 시대를
살아가는
우리의 불안

심리적인 동시에 생리인 정동

누구나 느끼는 정서 중 하나인 '불안'은 우리 삶에서 왜 그리
중요할까? 불안은 신학자나 과학자, 고행자 등 인간의 삶과
생사화복을 풀려는 이들이 오랫동안 탐구하고 천착해온 문제
다. 불안은 희귀한 현상이 아니라 인간에게 가장 친숙하면서
도 해결이 쉽지 않은 현상이기 때문이다. 불안이라는 정서가
학문적으로 개념화된 지는 얼마 되지 않지만 불안에 해당하
는 무기력증, 두려움, 신경쇠약 혹은 발작적인 증상들은 오랜
시간 동안 의사 – 철학자 – 신학자 – 18세기 신경학자 – 정신의

학자·철학자 – 정신분석학자 – 20세기 뇌과학자 순으로 연구가 진행되어 왔다.

15~16세기에는 의사들이 불안 현상에 대해 많은 연구를 해왔고, 그다음에는 특히 중세 스콜라 철학자들이 죄와 관련해 종교적 관점에서 불안에 대한 연구를 지속했다. 인간은 씻을 수 없는 원죄와 우리를 유혹하는 여러 욕망 때문에 죄책감과 두려움을 가질 수밖에 없고, 이런 의미의 불안은 죄의 징표다. 그러다가 18세기에 신경학자들이 나타나면서 이런 증상이 신경장애의 일종일 수 있겠다는 생각으로 불안에 대해 과학적으로 연구하기 시작했다.

19세기부터는 정신의학이 대두되면서 이 영역에서의 신경쇠약, 불안, 그리고 불안의 하위 범주인 여러 가지 신경장애들이 세부적으로 연구되기 시작했고, 정신질환과 불안의 관계에 대한 연구도 활발해졌다. 뿐만 아니라 19세기에는 키르케고르, 하이데거, 사르트르 등으로 대표되는 실존주의 철학자들 또한 불안 문제에 아주 많은 관심을 기울였다. 이들에 따르면 불안은 실존적 존재의 근원적 심리다. 인간은 자기 의지와 무관하게 내던져진 삶을 살고 있지만 매순간 많은 선택을 하면서 삶의 무게를 오롯이 감당해야 한다. 그러면서 끊임없이 우리를 위협하는 죽음과도 맞서야 하는데 이런 삶의 조건을 실존이라고 부른다. 불안은 실존적 존재가 느끼는 자유의 현기증인 것이다.

이후 불안에 대해 가장 뜨거운 반응을 보인 분야는 정신분석학이다. 정신분석학은 불안에 대한 많은 이슈를 만들어냈다. 그리고 오늘날에는 뇌과학자들도 불안장애로 통칭되는 것들을 다양하게 연구하고 있는데, 그 이유는 두 가지다. 하나는 불안이 가장 널리 관찰되는 현상이기 때문이고, 또 하나는 불안만큼 신체와 정신 모두에 걸쳐 나타나는 증상이 없기 때문이다. 불안은 신경적이고 생리적인 반응과 동시에, 정신적이면서 심리적인 반응도 불러일으킨다.

예를 들어 밤에 잠을 잘 못 자고 어떤 생각에 사로잡히는 현상이 되풀이되면 우리는 이것을 보통 고민이 많은 등의 심리적 이유 때문이라고 생각한다. 하지만 신경적인 부분이나 신체적인 변화가 그런 현상을 만들기도 한다. 한 보도에 따르면 밤잠을 잘 못 자는 이유 중 하나가 치매 증상 때문일 수도 있다고 한다. 어떤 하나의 현상이라도 거기에는 많은 요인들이 작용한다. 그만큼 인간은 복잡한 존재이며, 불안이 그 대표적인 증거다.

불안은 인간에게 나타나는 가장 보편적 현상이면서 동시에 개인적인 편차도 크다. 불안을 느끼는 반응이 제각기 다른 만큼 불안에 대응하는 모습도 사람마다 다르다. 불안 속으로 침잠해 허우적거리며 빠져나오지 못하는 사람들이 있는가 하면, 불안을 일상적으로 경험하면서도 친숙하게 다루는 사람들도 있다. 불안을 완전히 없애는 것은 불가능하다. 불안이 없으면 오히려 조증에 가까운 더 많은 문제가 생길 수도 있다.

불안의 철학자라고도 할 수 있는 키르케고르는『불안의 개념』에서 불안은 인간 본성에서 가장 중요한 부분으로 성공에 필수라고 이야기한다. 그는 "불안의 가르침을 받는 자는 가능성의 가르침을 받는 것이다"라고 말한다. 인생에 대해 알려면, 그리고 또 인생에서 성공하려면 불안을 알아야 한다는 것이다. 물론 키르케고르는 유신론적 실존주의자라서 불안을 죄와 신과 구원의 문제로 연결시키지만 불안에 대한 그의 통찰력은 우리에게 많은 생각할 거리를 제공한다.

실존주의 철학자 하이데거는 불안을 현존재(dasein)의 지표라고 이야기한다. 현존재는 세계 속에 있는 자기 존재의 의미를 물을 줄 아는 주체로서의 인간을 말한다. 동물은 자기의 존재에 대해 묻지 않는다. 인간만이 '나는 누구인가? 나는 왜 이렇게 살고 있는가?' 하는 식의 문제를 제기한다. 그래서 하이데거는 인간은 현존재이고 현존재는 존재를 물음으로 삼는 실존적 존재라고 말한다.

정신분석가 라캉은 불안은 속이지 않는 정동이라고 말한다. 정동(affects)은 일시적으로 급격하게 일어나는 무의식적 감정으로 인지적이고 심리적인 상태의 정서보다는 신체와 연관된 정념에 좀 더 가깝다. 사고가 멈추거나 신체 변화가 따르는 강렬한 감정 상태다. 데카르트나 스피노자는 정념을 육체와 정신의 관계에서 작용하는 것이라고 정의한다. 그래서 우리의 인지나 판단은 우리 자신을 속일 수 있지만 유일하게 우리를 속이지 않는 것이 정동이다. 내가 존재한다는 것, 그리고 내 존재가 외부와 관계를 맺고 있고 끊임없이 욕망하며 무언가를 선택한다는 것을 드러내주는 정동이 바로 불안이다.

모든 정신적 문제의 뿌리

불안은 '짐을 짊어진/고통을 겪는/무언가 불편한 상황'을 뜻하는 그리스어 'angh'에서 유래했다. 그 뜻에서도 알 수 있듯이 불안은 마치 등에 무거운 짐을 지고 있는 것처럼 고통스럽고 불편하며, 목이 졸리는 것 같은 답답한 상황이지만 거기에서 벗어날 수 없다는 의미가 깔려 있다. 오랫동안 인간은 모든 정신적 고통을 막연하게 불안(멜랑콜리)이라고 불렀다. 생리적 장애와 달리 정신적 고통의 원인이나 양상을 쉽게 설명하기 어렵고, 정신적 고통이라는 말 자체가 낯설었기 때문이다. 그러다 불안이라는 개념이 본격적으로 연구된 것은 19세기에 이르러서다. 19세기는 정신의학이 본격적으로 태동한 시기다.

앞서도 이야기한 것처럼 불안 개념의 선구자는 프로이트다. 프로이트는 불안이야말로 모든 신경증에 공통적으로 나타난다는 것을 발견했다. 정도의 차이는 있지만 강박증이 되었든, 히스테리가 되었든, 전환신경증이 되었든 여러 가지 증상에서 불안 개념이 발견되기 때문에 프로이트는 모든 정신적 문제의 뿌리에 불안이 놓여 있다고 분석했다. 그러면서 불안이 정신분석에서 중요한 키워드가 될 수 있음을 간파했다. 인간은 심리적으로 늘 갈등하는 존재이기 때문이다. 사회적 분위기나 타자도 갈등의 중요한 요인이다.

특히 현대사회는 불안의 시대라고 해도 과언이 아니다. 물론 1950년대 전후에도 '불안의 시대'라는 말이 화두처럼 유행해 이를 주제로 한 영화가 만들어지기도 했고, 동명의 시집이

출간되기도 했다. 하지만 진짜 불안의 시대는 팬데믹을 겪고 있는 오늘날이다. 이로 인해 많은 사람들이 불안장애를 호소하고 있다.

우울증, 정서장애, 강박장애, 거식증, 트라우마 등 불안장애의 범위는 매우 폭넓다. 이런 모든 것을 불안을 통해 설명하기 때문에 특히 정신의학 분야에서 불안에 대한 많은 연구가 이루어지고 있다. 물론 현대사회가 프로이트가 정의한 신경증의 시대는 아니다. 그렇지만 신경증의 형태로 이해할 수 있는 여러 가지 것들을 불안장애라는 개념으로 설명하고 있다. 거식증 같은 것이 그 대표적인 예다.

코로나19 시대가 유발하는 불안의 가장 큰 특징 중 하나는 불확실성에 대한 인내력 부족(intolerance of uncertainty)이다. 여러분은 어떤 상황일 때 불안을 느끼는가? 당장 닥쳐올 앞날에 대해 걱정하는 것은 불안이 아니다. 그것은 공포나 일종의 무기력에 가깝다. 불안의 가장 중요한 특징 중 하나는 불확실성과 연관되어 있다는 것이다. 내가 어떻게 해야 할지를 아는 사람은 불안해하지 않는다. 하지만 무슨 일이 닥칠지, 또 내가 그것에 잘 대응할 수 있는지 모를 때 사람들은 불안해한다.

쉽게 설명하기 위해 라캉의 예를 들어보자. 사마귀들은 교미가 끝나면 암컷 사마귀가 수컷 사마귀를 잡아먹는다. 그럼으로써 암컷은 영양분을 공급받는다. 가령 내가 사마귀라고 가정해보자. 사마귀 가면을 쓰고 있는 나는 암컷인지 수컷인지 모른다. 그런데 거대한 암컷 사마귀가 나를 향해 다가오고 있다고 해보자. 만약에 내가 수컷 사마귀라면 나는 곧 암컷 사마귀에게 잡혀 먹힐 수 있다. 라캉은 이런 상황을 불안이라고 이야기한다.

개와 늑대의 시간

프랑스 속담 중에 해가 막 지기 시작해 어둑어둑해지는 황혼을 뜻하는 '개와 늑대의 시간'이라는 말이 있다. 완전히 어둡지도 완전히 밝지도 않은 푸르스름한 빛 속에서 저 멀리서 다가오는 동물이 반려동물인 개인지, 나의 적인 늑대인지 구분할 수 없는 시간을 의미한다. 이렇게 불확실한 상황들이 주는 불편함과 안절부절 상태가 바로 불안이다.

사실 이런 불편함을 견뎌내면서 삶의 리듬을 잃지 않는 것이 중요한데, 우리는 그런 것들을 잘 참아내지 못한다. 불안 시대라는 말에는 이런 과잉된 불안이 우리를 지배할 뿐만 아니라, 우리가 불안을 잘못 이해하고 불안에 대해 잘 대응하지 못한다는 문제의식도 깔려 있다. 불확실함이라는 것 자체가 우리의 삶과 깊이 연관되어 있는 것인데 갈수록 우리는 불확실성 자체를 참아내지 못하고 있다. 그래서 모든 것에 대해 즉각적으로 답이 주어지기를 바란다. 내가 던진 질문에 답이 오지 않으면 참지 못하고 불안해한다. 하지만 이것은 불안이라기보다는 조급함이자 초조함이며, 이와 연관된 여러 가지 정서적 효과들이라고 할 수 있다.

우리가 살아가는 지금이 불안 시대인 것은 분명하지만 우리는 불안의 성격을 조금 더 명확히 알 필요가 있다. 불안은 크게 현실 불안(reality anxiety)과 신경증적 불안(neurotic anxiety)으로 나눌 수 있다. 현실 불안은 외부에서 오는 위험에 대한 두려움이며, 불안의 정도는 실제 위험의 정도에 비례한다. 현실 불안은 말 그대로 불안의 원인이나 대상이 명확한 경우다. 과거에는 현실 불안처럼 그 대상이 명확했다. 예를 들어 천재지변처럼 자연환경이 주는 공포감이 그런 경우다. 위험의 대상이 명확하고 그에 대응할 수 있다고 믿으면 현실 불안은 상당 부분 잠재울 수 있다. 팬데믹이 주는 고통과 두려움도 일종의 현실 불안이라고 할 수 있다. 언젠가 그것을 극복할 수 있다는 믿음과 실제 과학적 시도가 있기 때문이다.

문제는 신경증적 불안이 점점 늘어나고 있다는 점이다. 신경증적 불안은 원인도 불명확하고 그 대상이 특정되지도 않는다. 원인을 알 수 없다기보다는 원인 자체가 밝혀지지 않는 것들이 대부분이다. 현대사회의 여러 변화와 환경이 복합적으로 불안의 원인으로 작용하기 때문이다. 그리고 이런 신경증적 불안이 점점 더 만성화되고, 점점 더 치명적으로 변화한다. 그럼으로써 불안장애의 일종인 강박장애나 강박증이 늘어나고 있다. 더욱 심각한 것은 이런 현상이 청소년들에게서 점점 더 많이 나타나고 있다는 점이다. 심지어는 초등학생들도 불안장애를 호소하는 경우가 많다.

보통 아이들의 불안장애는 꾀병이나 의지가 약한 것으로 치부되기 쉬운데, 아이들이 어떤 상황에 대처하지 못할 때 보일 수 있는 가장 전형적인 반응이 바로 불안장애다. 불안장애를 보인다는 것은 무언가 해결해야 할 문제가 있다는 뜻이다. 그렇기 때문에 불안장애를 정신적 문제의 지표로 이해해야지 이것 자체를 최종적인 증상으로 보아서는 안 된다.

불안장애를 경험하게 되는 여러 가지 원인 중에는 개인적인 것들도 있지만 사회적이고 구조적인 원인들도 상당하다. 어떤 면에서는 인간의 손을 떠나 있는 경우가 많다고 볼 수 있다. 외부의 환경이 만들어내는 불안은 집단적 불안으로 나타나기도 한다. 갈수록 원자화되고 삶의 환경이 급속히 변화하는 지금과 같은 상황에서는 집단 불안이 크게 증가하기도 한다. 특히 『불안들』의 저자 레나타 살레츨(Renata Salecl)은 물질적 풍요와 선택의 이데올로기가 지배하는 현대 자본주의 사회는 사람들에게 불안과 죄책감, 그리고 해소되지 않는 결핍을 만든다고 이야기한다. 이래저래 불안은 증가하기 마련이다. 그것을 없애기보다 잘 이해하면서 대처할 필요가 있다.

신경증은
왜
사회 질병이 되었나

불안을 설명할 때 이와 연관된 질환으로 자주 언급되는 '신경증'은 1769년 스코틀랜드 의사인 윌리엄 컬런(William Cullen)이 인성의 문제를 일으키는 신경 계통의 질병을 정의하기 위해 처음 제안한 용어다. 오늘날은 잘 사용하지 않지만 예전에는 '노이로제(Neurose)'라는 용어가 사용되었으며, 노이로제는 신경계의 단위인 '뉴런(neuron)'이라는 말에서 유래했다. 마비가 일어난다거나 편두통이 있는 등 운동 반응이 통제되지 않는 신경 계통의 병을 말한다. 내적 갈등을 신체적 증상을 통해 표현하거나(히스테리), 강박증적 행동으로 대항하려는 방어기제가 신경증이다. 신경증의 일종인 강박증은 매우 일반화된 증상이다. 도시의 삶이 일반화되면서 사회적 활동과 이동이 크고 복잡해진 산업사회는 특히 강박증이 발생하기 쉬운 조건이다.

정신장애가 생리적 원인을 가진다는 컬런의 정의는 매우 통찰력 있는 진단이었다. 물론 이런 정의는 나중에 신경이 아니라 마음의 문제라는 식으로 바뀌었지만 오늘날 뇌과학자들에 의해 또다시 주목을 받고 있다. 뇌에 뭔가 문제가 있으면 인성의 문제도 생겨나고 심지어 정서적인 것도 안 좋게 나타난다. 정신의학 분야의 초기 이론들 중에는 나중에 다시 등장하면서 한층 더 발전하는 경우가 많다. 오늘날 신경증을 신경계통이라기보다는 뇌의 문제로 정의하는 경향이 많아지는 것도 같은 맥락이라고 볼 수 있다. 프로이트는 신경증을 처음에는 신경생리학적으로 연구했으나 나중에는 심리학적으로 접근해 '심리적 갈등의 표현이 신경증'이라고 정의했다. 현대에 와서는 뇌과학이 발달하면서 심리적 접근보다는 다시 뇌의 메커니즘을 통해 신경증적 현상을 설명하기 시작한다.

그러나 갈등에 대한 심리적 분석은 여전히 유효성이 크다.

갈등이 표현되는 방법은 매우 다양한데, 반면 갈등이 표현되지 않고 억압되는 경우도 있다. 이때의 갈등은 표현되지 않았을 뿐 사라진 것이 아니다 보니 신체적 증상을 통해 나타난다. 예를 들어 몸이 너무 아픈데 병원에 가서 진찰을 받아보면 아무 이상이 없는 경우가 있다. 정신의 문제인 것이다. 참을 수 없을 정도로 몸이 고통스러운데 알고 보면 마음의 갈등이 몸으로 표현되는 경우는 아주 많다. 오랫동안 시집살이를 한 며느리가 가슴이 몹시 아프다거나 머리가 깨질 것처럼 아프다고 호소하는데 이런 경우 약으로는 잘 해결되지 않는다. 이런 증상을 신경증의 하나인 히스테리, 즉 우리나라의 대표적인 질병인 화병(울화병)이라고 이야기한다.

불안사회가 심화되다 보면 이런 히스테리 증상이나 강박증은 더욱 늘어난다. 여기서 강박증과 강박장애는 구분할 필요가 있다. 강박증은 강박 성향이나 행동이 일종의 성격적 특성처럼 자리 잡은 것으로 정신증과 대비되는 개념이다. 정상인 사람들에게 잠재적으로 내재된 성격 구조가 히스테리이거나 강박증이다. 히스테리는 주로 마음 갈등이 육체적 증상으로 표현되는 것이며, 강박증은 강박행동이나 강박관념 등 정신적 증상으로 나타난다. 반면 강박장애는 성격적 특성이 아니

라 일상생활에 지장을 줄 정도의 강박적 집착이나 행동, 강박
관념이 심하게 나타나는 증상으로 치료 대상이다. 예컨대 위
생관념 때문에 집이 아니면 식사를 전혀 못한다면 강박장애
라 할 수 있다.

그런데 겉으로 드러난 것보다 심리 구조가 더 중요하다. 강
박적 행동은 그 자체가 질병은 아니며 불안을 피하기 위한 일
종의 방어기제이기 때문이다. 예를 들어 손을 반복적으로 씻
는다거나 무언가를 계속 기록한다거나 청소를 한다거나 줄을
맞추고 각을 잡는다거나 하는 행위를 한다. 이런 행동들이 적
당한 선에서 이루어진다면 크게 염려할 일은 아니지만 그 정
도가 지나쳐서 하루에 손을 백 번은 씻는다거나 하루 종일 청
소만 한다면 강박적 행동으로 봐야 한다. 이런 상태는 강박증
이 아니라 강박장애다.

이런 경우 당연히 본인도 힘들고 옆에서 이를 지켜보는 사
람도 견디기가 어려워 점점 피하는 상황이 생길 수 있다. 본
인 스스로도 자신의 그런 행동들에 문제가 있다는 것을 모르
지 않는다. 그렇지만 그렇게 해서라도 불안을 피하려다 보니
강박적 행위가 반복적으로 나타날 수밖에 없다. 그래서 신경
증의 근원에는 불안이 있다고 보는 것이고, 그만큼 불안은 중

요한 요소다.

　정신분석적으로 볼 때 강박증은 이렇게 무언가를 방어하고 회피하기 위한 수단이기 때문에 겉으로 드러나는 행동을 교정하는 것은 아무 의미가 없다. 손을 지나치게 자주 씻는 사람한테 어떤 치료를 통해 손을 못 씻게 하면 질서 강박이나 숫자 강박 등 다른 방식의 강박적 행동이 나타난다. 이런 모습은 나 자신뿐만 아니라 주변 사람들에게서도 발견할 수 있는데, 중요한 것은 그 신경증 자체가 불안과 긴밀하게 연결되어 있다는 점이다. 그래서 특히 신경증을 사회적 질병이라고 이야기하기도 한다.

　심리학과 다르게 정신분석학은 우리의 무의식에 작용하는 사회적인 것들에 많이 주목한다. 여기서 사회적인 것들은 단순히 사회 환경적 영향이 아니라 인간 내면의 자아와 무의식 속에 반영되어 우리의 정체성이나 정서, 정동을 만들어주는 것을 의미한다. 예를 들어 사회적으로 통용되는 도덕관념이나 이데올로기가 그런 것이다.

　신경증은 특히 불안한 사회일수록 만연하게 되는데 전쟁이나 테러 등이 대표적인 예다. 프랑스에서 공부하던 시절, 공항 같은 장소에서 기관총을 맨 경비대들의 모습을 종종 접하곤

했는데 그 순간 내가 보호받고 있다는 느낌보다는 혹시 테러가 일어나면 어쩌나 하는 불안감이 훨씬 컸다. 이런 불안감이 만성화되다 보면 신경증이 될 수 있다.

신경증을 이해할 때 중요한 것은 그것이 외적 상황 때문에 생기는 자동적 질환이 아니라는 것이다. 인간은 상황의 지배를 받으면서도 그 의미에 더 큰 영향을 받기 때문에 상황보다는 그것을 어떻게 받아들이는가가 중요하다. 예를 들어 전쟁처럼 끔찍한 상황 속에서 오히려 건강하게 지내다가 정작 전쟁이 끝난 뒤 후유증에 시달리는 경우가 아주 많다. 신경증이 만연한 사회에서는 불안감을 피하기 위해 특정한 종교나 집단, 종말론 등에 매몰되거나 집착하는 경우 또한 흔하다.

정신분석학자 카렌 호나이(Karen Horney)는 『우리 시대는 신경증일까?』에서 "신경증 환자의 불안은 현실에서 실제로 일어나고 있는 상황에 관한 것이 아니고 그의 마음에 보이는 상황에 관한 것이다"라고 말한다. 신경증 환자는 실제 상황에 반응하는 게 아니라 자신의 심리 상황을 투영해 스스로 불안을 만든다는 것이다. 불안과 신경증에는 밀접한 상관관계가 있다. 불안이 많다는 것은 그 사회가 신경적 구조를 아주 많이 양산한다는 뜻이기도 하다. 그리고 도덕적 불안은 개인 안의 힘의 균형이 위협받을 때도 생긴다. 내적 갈등으로 인해 자기 통제력을 잃게 되면 도덕적 불안이 죄책감의 형태로 나타난다. 적당한 죄책감은 도움이 될 수도 있지만 죄책감의 정도가 너무 심해지면 우울증 같은 증상으로 이어진다. 나는 쓸모없는 인간이라거나 살 가치가 없다거나 아무도 나를 좋아하지 않는다는 식의 생각이 팽배해지는데 이는 불안의 또 다른 표현이다.

환상의 붕괴

신경증 사회의 중요한 특징 중 또 하나는 환상이 붕괴된다는 점이다. 언뜻 생각하면 환상은 허망하기 이를 데 없는 부정적인 느낌 같지만 인간에게 환상은 일종의 심리적 보호막이 되어주기 때문에 어느 정도는 필요하다. 환상은 외상적 현실에서 우리를 보호해주는데 이것이 붕괴되면서 현실 자체가 그대로 드러나면 우리는 참혹한 실재를 견뎌내기 힘들다. 환상은 인간을 속이기도 하지만 순기능도 많다.

우리가 끔찍한 내용의 영화를 보면서도 즐거워할 수 있는 것은 그것이 현실에서 일어나지 않을 거라는 걸 잘 알고 있기 때문이다. 그런데 우리가 살고 있는 지금 이 시대에는 영화에서나 일어날 법한 일들, 영화보다 더 영화 같은 일들이 자주 벌어진다. 팬데믹은 오랫동안 재난 영화의 단골 소재였다. 우리가 살고 있는 현시대에 실제로 이런 상황이 벌어질 거라고는 쉽게 예상하지 못했다. 마스크를 쓰지 않고는 집밖에도 나갈 수 없는 이런 상황이 현실에서 벌어질 거라고 누군들 상상이나 했겠는가. 게다가 영화에서나 볼 수 있었던 끔찍한 범죄들, 상식의 세계를 부정하는 일들이 아무렇지 않게 벌어지고 있다. 어느 틈엔가 현실과 환상의 경계가 무너지고 있는 것이다. 이런 현상은 마치 집이 있는데 지붕이 없는 것과 같다. 외부의 작은 변화에도 타격을 입을 수밖에 없는, 그래서 내가 언제 무너질지 모르는 위태로운 상황에 고스란히 노출되어 있는 것이다. 지붕이 없는 집에 있는 듯한 이런 느낌은 결국 안전하게 욕망을 유지할 수 있는 공간이 무너졌다는 뜻이다. 나의 욕망과 연관된 정체성이 안정을 찾지 못하는 것이 환상이 붕괴되는 현상이다.

환상은 인간에게 심리적 완충제이자 균열된 여러 가지 현실들을 봉합해주는 역할을 한다. 그런데 지나친 개인화와 탈권위주의 시대에 나타난 권위의 추락 또한 환상의 붕괴에 한몫했다. 개인화로의 급속한 진행은 모든 문제를 나 혼자 해결해야 한다는 것을 의미한다. 아버지, 종교 지도자, 스승, 원로 등 사회적 권위 자체가 완전히 추락하면서 인간은 자유로워지기보다 오히려 더 큰 불안감에 휩싸였다. 예전에는 공동체나 어른들이 항상 문제의 해법을 제시하고 개인들은 여기에 따랐기 때문에 불만은 있어도 불안이 생길 여지는 없었다. 또 권위라는 것 자체가 나로 하여금 그 반발심으로 자유에 대한 의지를 갖도록 하는데 이런 권위가 완전히 사라진 사회를 가정해보라. 이제 문제가 생기면 그것의 책임은 온전히 내 몫으로 주어지며 그것을 회피할 수도 없다. 아무런 심리적 보호막 없이 날 것 그대로의 현실이 내게 다가온다면 견디기 힘들다. 이것은 배고픔이 전혀 없는 시대, 아무런 심리적 자극도 없는 상황에서 오히려 인간이 더 큰 무기력감을 느끼는 것과 같다.

영화 〈매트릭스〉 중에 이런 대사가 있다. "가장 완벽한 매트릭스를 만들어줬는데 왜 너희 인간은 재미없어 하는 거야?" 인간은 어떤 균열이나 모험, 긴장감 등이 있어야 살아 있다는 것을 느끼는 존재이기에 너무 완전하거나 완벽하면 흥미를 잃고 무기력감을 느낀다. 바로 거기에 환상의 역할이 있다. 그런데 오늘날 그 환상이 자꾸 붕괴되고 있는 것이다. 우리가 흔히 '너무 많이 알면 다쳐!'라는 농담을 하듯이 너무 많이 알아서 환상이 개입할 여지가 없으면 인간은 욕망을 잃어버리게 된다. 어린 꼬마가 산타 할아버지가 실제로 존재하지 않는다는 것을 너무 일찍 깨달았다고 가정해보자. 이 아이에겐 크리스마스에 선물을 받거나 동화 같은 일이 벌어질 수도 있다는 기대감이 전혀 없으며 당연히 아이 특유의 순진함도 없을 것이다. 어른도 마찬가지다. 인간이 꿈이나 비전 등 환상과 연관된 심리 작용을 필요로 하는 것은 그것이 인간에게 욕망을 불러일으키기 때문이다. 모든 것이 기계의 톱니바퀴처럼 정해진 틀을 따라 진행되는 사회에서는 환상도 욕망도 존재할 수 없다. 인간에게는 환상이 필요하다.

지위 증상과 피로사회

『불안』의 저자 알랭 드 보통은 인간은 "세상에서 자신이 차지하는 자리" 때문에 늘 불안해한다고 말한다. 지위는 여러 가지로 나타나는데 타인을 지배하고 군림하는 것뿐만 아니라 자기 자신을 보장해주는 것 또한 하나의 지위일 수 있다. 앞서도 잠시 언급했듯이 사회적 지위가 높을수록 수명도 길고 오래 산다는 의미의 '지위 증상'이라는 말이 있다. 지위가 높을수록 자기가 통제할 수 있는 영역이 더 커지기 때문에 자기 삶에서 불안정한 요소가 더 줄어드는 것이다. 현대인들이 명예를 좇고 더 많은 부를 이루려 돈에 집착하는 것도 이런 지위 증상과 무관하지 않다.

하지만 지위에 욕심을 내다 보면 자연스럽게 타인과 경쟁해야 하고, 끊임없이 남보다 앞서기 위해 경주해야 한다. 이런 사회에서 인간은 삶을 온전히 향유하지 못하고 기계 부품으로 전락하기 쉽다. 그러나 현대 자본주의는 경쟁을 통해 지위에 대한 욕망을 자꾸 부채질한다. 욕구화된 욕망으로 나아가다 보면 인간 소외가 더 심해진다고 말했던 것처럼, 미셸 푸코는 신자유주의가 경쟁 체제를 구조화했다고 비판했다. 이 말은 신자유주의를 부정하거나 대체해야 한다는 것이 아니라 오늘날 신자유주의가 철저하게 구조화되면서 우리의 일상과 의식을 지배한다는 것이다. 예전에는 신자유주의를 넘어서는 여러 대안들을 모색했었다. 그런데 오늘날 우리는 신자유주의 너머의 체제를 생각할 수 없다. 어떻게 보면 선택적 대안이 없는 무기력한 미래에 직면한 것이다.

신자유주의의 가장 큰 문제점은 시스템 자체를 굉장히 자율적으로 만들었다는 것이다. 그래서 경쟁이 일반화되었고, 이런 신자유주의 사회에서 개인은 자기 자신에 대한 무한한 책임을 느끼게 된다. 푸코는 여기에 적응하는 주체를 '자기 경영적 주체'라고 불렀다. 내가 일을 못하면 나 자신에게 문제가 있는 것이다. 예를 들어 누군가 나에게 어떤 일을 강제하면 불만과 좌절을 느끼며 저항하지만 내가 나의 주인이 되어버리는 순간, 무한한 일의 순환만이 존재한다.

이렇게 무한하게 자신을 착취하는 사회가 피로사회다. 본인 스스로가 자신에게 과업을 주고, 그 과업을 끝내면 또 다른 과업을 줌으로써 끊임없이 자기를 경영하는 것이 관철되는 사회다. 특히 대한민국은 이런 현상이 아주 심하다. 경쟁사회의 메커니즘은 늘 누군가를 의식할 수밖에 없다. 남들이 볼 때는 안정적인 직장과 사회적 지위, 좋은 학벌 등을 가지고 있는 것처럼 보이지만 정작 자신은 늘 불안하다. 그 불안을 우리는 좀 더 냉정하게, 그리고 긍정적이고 입체적으로 이해할 필요가 있다.

불안에 대한 단견

DSM(Diagnostic and Statistical manual of Mental disorders) 5판은 범불안장애를 "여러 사건이나 활동에 대해 적어도 6개월 이상 절반 이상의 일수로 발생하는 과도한 불안과 걱정"으로 정의한다. DSM은 정신의학 종사자들을 위한 '정신질환의 진단 및 통계 편람'으로 가장 권위 있는 의학적 텍스트이며, 현재 통용되는 버전은 5판이다. 한자에 기우(杞憂)라는 단어가 있다. 하늘이 무너질까 봐 걱정한다는 고사에서 유래한 말로 쓸데없는 걱정을 뜻한다. 매일 하늘이 무너질까, 땅이 꺼질까 두려워하며 산다고 생각해보라. 이런 것이 범불안장애다.

범불안장애는 특별한 원인이 없는 것 같지만 그렇다고 해서 설명할 수 없는 것은 아니다. 이런 불안장애는 스스로가 만들어낸 상상은 아니지만 내가 통제할 수 없는 환상들이 계속해서 나를 덮치며 불안을 일으킨다. 어떤 면에서 본다면 불안장애는 철저하게 정신의학적 관점에서 나온 개념이라고 할 수 있다. 철학의 입장에서는 불안장애라기보다는 중립적으로 그냥 '불안'이라고 표현한다. '불안장애'는 장애라는 뜻을 이미 갖고 있는 정신의학적 진단이다. 그래서 사회불안장애, 공황장애, 광장공포증, 강박장애, 외상 후 스트레스장애, 특정공포증, 범불안장애 등은 불안을 병리적으로 바라보는 관점을 드러낸다. 불안이 일상에서 많은 문제를 일으키고 사회 활동에 지장을 초래하면 치유와 치료적 관점에서 범불안장애에 접근하게 된다.

당연히 불안은 고통스럽고 부정적인 효과를 일으킨다. 그렇다고 해서 불안에 그 어떤 긍정성도 없다고 말해야 할까? 그렇지 않다. 바로 불안 때문에 우리는 현재의 삶을 되돌아볼 수 있다. 무언가 불안을 느낀다는 것은 지금의 삶에 어떤 문제가 있다는 의미다. 만약에 부자가 되겠다는 목표 하나로 돈의 노예가 되어 살아가는데도 아무런 불안을 느끼지 않는다면 그 사람은 평생 그렇게 살다가 생을 마감하게 될 것이다. 그런데 미친 듯이 돈을 좇다가 문득 '인생의 모든 순간을 돈을 버는 데에 쏟아 붓는 것이 과연 제대로 된 삶일까?' 하는 불안감이 밀려오면 비로소 인간은 자신의 삶을 성찰하게 된다. 이럴 때 불안은 우리 삶에 아주 긍정적인 의미로 다가온다. 우리는 인간이지 기계가 아니기 때문이다.

DSM 5판에 따르면 가장 흔한 심리장애는 첫째 불안장애, 둘째 물질장애, 셋째 기분장애다. 물질장애는 알코올이나 약물에 의존하는 경우다. 가령 '아, 힘든데 술이나 한잔 할까?'라고 한다면 이는 물질장애일 가능성이 크다. 자신의 기분 상태를 제대로 분석하면서 해소하려 하지 않고 술에 의존해 풀려고 하기 때문이다. 기분장애에 속하는 과도한 흥분이나 과도한 슬픔, 지나치게 민감한 반응들도 점점 늘어난다. 보통은 이

것들을 뭉뚱그려 불안장애라고 일반화해 이야기하지만 엄밀하게 불안의 성격과 내용은 각기 다르다.

불안의 가장 중요한 특성은 '개인적'이라는 것이다. 사회적인 것이 원인이지만 불안의 편차는 지극히 개인적이다. 그렇기 때문에 '모두가 다 겪을 수밖에 없는 불안이니까' 하고 이해하기보다는 자신의 삶을 들여다보고 내 안의 불안에 대해 깊이 생각해보는 것이 필요하다. 정신의학은 상당히 유용하지만 불안 문제에서는 적잖은 한계를 보이기도 하는데, 불안의 긍정적 측면이나 개인적 편차를 잘 조명하지 못한다는 것이 바로 그렇다. 만약에 예술 분야의 창조적인 일을 하고 싶다면 흥분 상태에 있는 것보다는 불안이나 어느 정도의 각성 상태에 있는 것이 더 도움이 된다.

우리는 보통 슬픔을 안 좋은 감정이라고 여기지만 애니메이션 〈인사이드 아웃〉을 본 분들이라면 슬픔이야말로 우리를 되돌아보게 하고 현재 상황을 정화할 수 있도록 하는 아주 이로운 감정이라는 것을 이해할 수 있을 것이다. 운다는 것은 아주 좋은 행동이다. 차마 사람들 앞에서 울지 못하고 영화나 책을 보면서 우는 사람들이 있는데 이런 행위를 통해 자기 자신을 정화할 수 있다. 고대 그리스의 비극도 이런 역할을 했다. 아리스토텔레스에 따르면 비극 작품을 관람하면서 관객들은 주인공에게 연민과 두려움을 느끼며 자신의 정념을 순화시킬 수 있었다. 불안 역시 우리를 되돌아보게 하고 삶을 리셋하도록 해준다. 그래서 불안을 잘 다스려 정착시키면 우리는 정신적으로 건강한 삶을 살 수 있다. 그렇지 않고 무조건 불안을 없애겠다고 하면 오히려 불안을 병리화해 불안이 갖는 긍정성을 억압할 수 있다.

불안장애의 대표적 유형인 공황장애에 대한 2018년 한국형 공황장애 치료 지침서를 보면 초기, 그리고 유지 치료 전략으로 항우울제, 벤조디아제핀 계열 항불안제, 인지행동 치료의 병용을 최우선 치료로 채택하고 있다. 그리고 상황에 대한 적응 훈련 같은 것을 강조한다. 물론 이런 치료도 유용하지만 중요한 것은 불안의 긍정성을 잘 이해하고 살리는 것이다. 불안이 너무 심해져서 사회생활에 지장이 생길 정도라면 치료가 필요하겠지만 불안 자체를 모두 없애는 것은 오히려 잘못된 방향으로 나아갈 수 있다. 그래서 정신의학은 대단히 유용하지만 정신의학적 측면에만 의존해 불안을 병리적으로 보는 것은 창조적 사고나 건강한 자기 의심, 슬픔을 통한 영혼의 정화를 가로막는 등의 또 다른 문제를 낳을 수 있다.

불안의
원인과
실존에 관한 이해

현대사회에서의 불안은 그 발생 원인이 특히 소비와 연관된 경우가 많다. 소비를 통해 쾌락을 누릴 수 있고, 불안을 해소할 수 있다고 부추기는 기업의 마케팅 전략도 여기에 한몫한다. '죽고 싶지만 그래도 이것은 할 거야' 어떤 비슷한 책의 제목처럼 우울하지만 무언가 하고 싶은 욕구를 자극하는 것이다. 자존감 회복을 위해 소비를 하라거나 당신만의 개성을 살리라거나 그런 당신이 최고라는 수식어로 소비자를 유혹한다. 하지만 이 같은 대안은 오히려 사람들을 소비 중독, 행동

중독 등의 상태로 몰아넣는다. 더 많이 소비하면 행복도가 증가할 것 같지만 자신의 삶의 가치를 소비재와 동일시하게 되면서 소비의 연쇄를 멈추지 못하고 공허감만 더 커진다. 소비가 소비를 부르는 것이다.

　소비사회는 철저하게 개인의 자율성을 위해 움직이는 것 같지만 사실은 강요된 선택의 메커니즘이 지배적으로 작동하는 현장이다. 얼핏 자유 의지로 선택을 하는 것 같지만 사실 우리는 끊임없이 과도한 선택을 강요당하고 있다. 소비사회는 나에게 끊임없이 특정한 모델을 제시하면서 선택을 종용한다. 인터넷에서 성격 분석을 하다 보면 해결책이랍시고 '감성형인 당신은 이런 것들을 해보세요'라고 제안하는 경우가 많다. 해결책인 양 포장해 소비를 부추기는 제안이다. 오늘날 교묘하게 소비의 이데올로기를 침투시키는 경우다.

　뿐만 아니라 선택의 자유가 너무 많다 보면 '내가 나의 삶을 잘 관리할 수 있을까?' 하는 불안감이 생길 수도 있다. 철학자 레나타 살레츨은 선택이 없어서 문제가 아니라 과도한 선택의 자유와 개인 스스로 자기의 삶을 관리해야 한다는 생각이 오히려 불안과 부족감을 낳는다고 말한다. 마치 소비를 통해 우리의 정체성을 만들고 자존감을 회복할 수 있을 것 같지만 과도한 선택의 자유가 오히려 불안을 낳을 수 있다. 선택의 자유가 많아질수록 선택하지 못한 것에 대한 미련과 아까움이 커진다는 것이 심리학 실험의 정설이다. 소비가 정체성의 실현인 것처럼 호도하지만 소비 자체가 아니라 향유의 삶을 살 필요가 있다. 소소한 것에서도 선택에 만족할 수 있는 향유의 자세와 지혜가 중요하다.

욕망 부분에서도 이야기했듯이 어떤 대상에 집착하는 행위가 우리에게 주는 괴로움은, 대상에 대한 집착에 머물게 해우리로 하여금 결코 그것을 누리지 못하게 하는 데에 있다. 주변 사람들 중에 좋은 것을 사두고는 아까워서 사용하지 못하고 보관만 하다가 영영 못 쓰는 경우를 보게 된다. 그렇게 사둔 물건들이 창고에 가득 차는데 이는 소비를 위한 소비, 즉 사는 행위 자체에 만족하는 데에서 비롯된 결과다.

소비는 잘 통제하면 유용하지만 소비 자체가 나의 정체성이나 개성을 실현해줄 것처럼 생각하는 것은 소비사회의 이데올로기일 뿐, 절대 소비는 불안의 해결책도 대안도 아니다. 그럼에도 아주 교묘한 형태로 우리를 관리하며 소비를 강요하는 사회 속에서 살아가는 우리는 선택의 진정한 의미를 잃어버리기 쉽다. 진정한 선택은 내 삶과 관계되어야 하는데 마치 소비재를 선택하고 상품을 관리하면서 만족을 얻는 것처럼 변질되어버리기 때문이다.

불안의 실존적 이해

하나의 대안으로 우리는 불안을 실존적으로 이해할 필요가 있다. 불안을 실존적으로 이해한다는 것은 다른 사람이 대체할 수 없는 개인이 갖는 고유성, 그리고 그 증표로서 불안을 이해하면서 불안의 긍정성들을 살린다는 뜻이다. 철학자들의 말을 그대로 받아들일 필요는 없지만 그들의 통찰력을 오늘날의 삶에 적용하는 것은 우리에게 많은 가능성을 열어준다.

키르케고르는 인간의 이중성, 즉 존재론적 특성이 불안을 낳는다고 이야기한다. 인간은 완전한 천사도 아니고 완전한 짐승도 아니며, 자연계에도 속하면서 영적인 세계에도 속하는 이중적인 존재이기 때문이라는 것이다. 그는『불안의 개념』에서 이렇게 이야기한다.

만약 인간이 동물이나 천사라면 불안에 빠질 수 없었을 것이다. 인간은 종합이기 때문에 불안해질 수 있다. 게다가 인간이 더 깊이 불안에 빠질수록 인간은 더 위대하다. 이런 사실은 불안이 외적인 것, 즉 인간의 바깥에 있는것에 관계한다는 보통의 의미에서가 아니라 인간 자신이 불안을 낳는다는 의미로 파악해야 한다.[12]

  키르케고르는 인간이기 때문에 불안을 느낀다고 통찰한다. 역으로 이야기하면 불안을 느끼지 못한다는 것은 인간성을 잃어버렸다는 것과 같다. 짐승도 불안해할까? 짐승도 두려움을 느끼고 공포를 느끼지만 그렇다고 해서 불안해하며 '아, 내가 이렇게 살아도 괜찮을까?' 하는 실존적 질문을 던지지는 않는다. 불안하다는 것은 현재 삶의 방식에 뭔가 문제를 느끼는 심리다. 인간만이 불안을 느끼며 자신의 존재에 대해 질문을 던진다. 키르케고르는 이것을 인간의 미결정성이라고 말한다. 인간의 삶이 결정되어 있는 것이라면 인간은 불안을 느끼지 않을 것이다. 반대로 인간의 삶이 아주 확고하게 결정되어 있는 것이라면 인간은 노예와 같은 의식을 느낄 것이다. 예속감과 더불어 그에 대한 불만이 생겨날 수밖에 없다. 자유는 무한한 선택이나 내 맘대로 아무 것이나 할 수 있는 게 아니라 내 상황을 내가 받아들일 수 있는 자율적 능력을 의미한다.
  실존은 그 자체로 아름답고 좋은 것이 아니라 단지 가능성으로 주어지는 것이다. 그런데 이 가능성이 우리한테 두려움을 주기도 한다. 아무것도 정해져 있지 않기 때문이다. 모르는 길을 가고 있는데 두 갈래 길에 마주했다고 해보자. 그때 누군가 '저쪽 길로 가면 다른 곳이 나와요. 그러니 이쪽 길로 가세요'라고 알려준다면 길을 찾아가기가 훨씬 쉬울 것이다. 하지만 아무도 그 길에 대해 이야기해주지 않고 오롯이 나 혼자 한 길을 선택해야 한다면 그 순간, '저쪽 길이 맞는 거 아닐까? 이쪽 길로 가다가 혹시 나쁜 일이 생기지는 않을까?' 하는 불안한 생각들이 들 수밖에 없다. 하지만 저쪽 길을 선택해도 마찬가지다. 다른 길을 선택했다고 해서 불안이 안 생기는 것은 아니다. 어떻게 보면 선택 앞에서 느끼는 불안은 인간의 숙명이자 존재 가능성이다. 인간은 육체를 지닌 존재인 동시에 영혼을 지닌 존재다. 자신의 미래에 대해 생각할 수 있다는 것은 곧 인간이 가능성을 가지고 있다는 뜻이다.

인간이 천사 같지 않다는 것은 곧 죽음을 직면한 존재라는 이야기다. 이 죽음이 두려움을 주기도 하지만 한편으로는 인간의 삶이 유한하기 때문에 자신의 인생에 대해 생각해볼 수 있는 것이다. 죽도록 일만 하며 살다가 어느 날 문득 '아, 이렇게 일만 하고 살다가 생이 끝나는 거 아닌가? 죽으면 다 끝인데…' 하는 허무한 생각이 드는 순간 우리는 삶에 대해 고민하게 된다. 인간의 삶이 무한하다면 우리는 그런 고민을 하지 않을 것이다.

요즘 인지과학자들은 인간과 똑같이 사고하는 강인공지능(strong AI)을 만들기 위해 대단한 노력을 기울이고 있다. 강인공지능은 아마 인간보다 계산도 더 잘하고 힘도 더 세며 인지능력이 훨씬 발달해 있을 텐데 이런 강인공지능과 인간을 구분할 수 있는 기준이 하나 있다면 바로 불안일 것이다. 인공지능은 불안을 느낄 수가 없다. 만약에 인공지능이 스스로 불안을 느낀다면 그건 기계가 아니라 인간이다. 마치 인공지능 스스로 모든 것을 결정하는 것처럼 보이지만 사실은 알고리즘에 따라 모든 것들을 계산해나간다.

하지만 인간은 다르다. 매순간 '할까, 말까? 이렇게 할까, 저렇게 할까?' 하며 여러 가능성들을 생각한다. 그리고 그 가능성이 불안을 낳는다. 때로는 이것이 인간의 약점이 되기도 하지만 이런 가능성들이 있기에 인간은 무한한 창조의 세계로 나아갈 수 있다. 인간은 유한하기 때문에 무한을 존경하고, 신에 대한 깊은 사랑을 갖는다. 인간 자체가 신적인 존재라면 아마 신에 대해 그렇게 큰 사랑을 느끼지는 않을 것이다.

불안은 미래를 향해 열려 있는 실존의 지표이자 자유라는 가능성의 신호다. 불안은 미래로 향하는 기차를 타기 위해 지불해야 하는 일종의 승차권 같은 것이다. 그러나 그 승차권은 어디까지나 탈 수 있다는 의미이지 누구에게나 무조건 탑승을 보장해주는 것은 아니다. 미래의 기차에 올라타고, 그 미래가 어떻게 펼쳐질지는 나 스스로 선택해야 한다. 이것을 실존주의자들은 자유라고 설명한다.

자유는 내가 무언가를 선택할 수 있다는 것이 아니라 나 스스로 나의 삶을 만들 수 있다는 가능성이다. 그런데 현대 신자유주의는 무언가 만들 수 있는 실존적 자유를 자꾸 선택의 자유로 바꾸어놓는다. 돈이 많으면 선택도 많아진다. 세련된 사람, 아름다운 사람은 이런 선택을 한다고 제시하면서 그와 같은 선택을 하지 않으면 마치 잘못된 삶을 사는 것 같은 생각을 들게 한다.

하이데거는 존재자 전체의 존재성이 드러나는 가장 극명한 근본 기분이 불안이라고 말한다. 그러면서 인간은 실존적 존재이기에 늘 현존재로서 실존에 대해 기투(企投, 현재를 초월해 미래로 자기 자신을 내던지는 실존의 존재 방식)해야 하는데, 그런 것들에 대한 자유의 가능성을 차단해버리고 그냥 세상이 원하는 대로 그때그때 맞춰 사는 것을 세인(das Man)의 삶이라고 이야기한다. 한마디로 세속적인 사람을 말한다. 세인의 삶에 매몰될 때 사람은 불안을 느낀다.

불안은 나의 실존이 왜곡되거나 위협받을 때 그 위기를 알려주는 신호이자 경종이다. 말하자면 불안은 나의 존재가 위기의 순간에 드러내는 목소리다. 이 목소리에 귀를 기울여 실존을 회복해야 하는데 만약에 이것을 억압하고 여전히 사회나 세속적인 것에 맞춰 살다 보면 어떻게 될까? 그것은 스스로 자신의 존재성을 망각하고 자신에게 주어진 자유를 포기하는 것이다. 실존주의자들에게 불안은 자유와 연관된 중요한 체험이다. 물론 실존주의자적 입장이라고 해서 모든 불안을 다 떠안으라는 것은 아니며, 불안이 갖는 이런 긍정성들이 인간다움의 표식이라는 것이다.

결국 불안은 생각과 경험을 통해 도달할 수 없는 실존의 체험이다. 실존에 대한 인지나 판단이 아니라 나의 실존은 원래 텅 비어 있다는 것을 느끼는 것이 불안이다. 그렇기 때문에 인간의 실존은 무(nothing)로서 정의된다. 이것이 인간에게 한없는 불안감을 느끼게 하는데 키르케고르는 이를 '자유의 현기증'이라고 말한다. 높은 곳에 오르면 아찔하게 현기증이 나는 것처럼 실존을 만나는 순간 무한하게 열린 '무'라는 것이 우리에게 현기증을 느끼게 한다는 것이다. 이 현기증은 우리를 망가뜨리는 현기증이 아니라 긍정적으로 실현할 수 있는 가능성을 여는 좋은 현기증이다.

라캉은 불안과 욕망을 연결시키면서 새로운 통찰력을 제공한다. 욕망은 순수한 결여 속에서 작동한다. 결여가 꽉 차 있다면 욕망이 작동할 수 없다. 이렇게 꽉 채워진 조건에서 느끼는 것이 불안이다. 불안이 발생한다는 것은 우리 안에 빈 공간이 필요하다는 신호이고, 이 빈 공간에 욕망이 자리 잡을 수 있다. 예를 들어 돈일 수도 있고 명예일 수도 있는 어떤 부분이 결핍으로 느껴지면서 나의 고유한 결여가 작동해야 하는데 무언가가 꽉 차 있으면 나는 나의 욕망을 제대로 작동시킬 수 없다. 결여가 있어야 하는데 이 결여 자체가 결여되어 있는 것이 불안이다. 그런데 현대 소비사회는 이 결여를 자꾸 못 견디게 만들면서 이것을 채우라고 부추긴다.

그렇다 보니 잠시의 단절적 순간, 불확실한 순간, 그리고 잠시 정지된 순간을 우리는 잘 참아내지 못한다. 단적인 예로 아이들에게서 휴대전화를 빼앗는 순간, 아이들은 극도로 불안해한다. 기계적으로 휴대전화를 보고 있다가 갑작스럽게 아무것도 할 수 없는 상황에 맞닥뜨리는 경험을 하게 되는 것이다. 아무것도 하지 않는 단편적인 순간이지만 인간의 조건을 아주 잘 보여준다. 이때 불안은 매우 유용한 지표가 된다. 불안은 그저 단순한 경고가 아니라 우리 안의 욕망을 끌어내고 욕망이 작동해야 한다는 일종의 신호로써 존재한다.

불안과 함께 살기

살아가면서 수시로 맞닥뜨리는 이 불안을 어떻게 이해해야 할까? 가장 좋은 방법은 불안의 본질을 제대로 이해하면서 그것과 함께 살아가는 것이다. 불안과 더불어 산다는 것은 불안이 제거의 대상이 아니라는 말이다.

1980년에 DSM 3판이 나오면서부터 불안에 대한 아주 많은 연구가 추가되었다. 어찌 되었든 정신의학은 실증적이고 경험적인, 그리고 통계적인 방법에서 벗어날 수 없다. 대체로 불안은 식욕이 떨어지거나 잠을 못 자고, 어떤 생각이 나를 지배하거나 초조해지는 증상을 동반한다. 그런데 불안을 이렇게 정신장애나 이상심리 등의 질병처럼 바라보면 긍정성을 살릴 수 없다. 불안은 현재 상황의 징표이지 질병이 아니다.

우리 몸에 상처가 났다고 해보자. 상처는 병이기도 하지만 우리 몸이 면역성을 가지고 있기 때문에 외부의 안 좋은 것들을 물리치는 과정에서 생기기도 한다. 이때 상처 자체를 완전히 없애버리려고 하면 오히려 더 안 좋은 결과를 가져올 수도 있다. 불안도 마찬가지다. 불안은 우리에게 고통도 주지만 그것을 어느 정도 감내할 때 자유의 가능성이라는 선물도 준다. 이 고통이 두려워 자유를 얻지 않는다는 것은 마치 백신 주사가 무서워 바이러스에 고스란히 노출되는 것과 같다. 잠깐 고통을 이겨내면 안전해질 수 있는데 그 고통이 싫어서 자유의 가능성을 차단하는 것이다.

불안의 조건이 두려운 이유는 그 두려움의 원인이 모호하고 불확실하며, 나 혼자 온전히 느껴야 하기 때문이다. 이런 것들은 우리의 실존성, 즉 자신의 운명을 자신이 결정해야 하는 특성과 아주 많이 연관되어 있다. 결국 인간은 이런 모호하고 불확실한 상황을 견뎌낼 수 있어야 하며, 이것이 곧 불안과 더불어 살아가는 방법이다. 불안을 삶 속에서 친구처럼, 그리고 좋은 지표로 활용하는 것이 필요하다. 불안이 나와 나의 관계에서 중요한 이유도 그 때문이다. 불안은 늘 있는 것인데 이를 부정하고 벗어나려 한다면 나에게 주어진 소중한 실존과 자유의 가능성을 차단할 수 있다.

현대사회의 과열된 경쟁 문화는 인간을 무한한 욕망의 악순환으로 집어넣는다. 불안은 이런 각자도생의 경쟁 문화가 우리에게 미치는 심리적 영향이자 경종이다. 불안에 대한 심리 치료도 중요하지만 사회적 관계를 재구축하는 것이 우선되어야 한다. 그럼으로써 사회적 연대를 강화하는 것이 중요하다. 인간은 홀로 살 수 없는 존재다. 인간의 본성 자체가 사회의 관계성을 필요로 하기 때문이다. 사회적 연대를 증대하면서 공동체적 지지를 통해 사회적 불안을 해소해야 한다.

불안은 내가 나와 맺는 관계, 그리고 그것뿐만 아니라 사회로 대변되는 여러 가지 타자적인 것, 공동체적인 것, 사회적인 것이 자리 잡고 있는 모든 곳에 깃든다. 불안은 우리에게 고통을 주기도 하지만 삶을 되돌아보고 나와 나의 관계를 일깨우는 일종의 신호로 작용하는 이중성을 갖고 있다. 이런 불안을 잘 이해할 때 우리는 좋은 관계를 맺을 수 있다.

타자와

관계

맺기

4

네가 없으면
나도 없으니

우리는 서로에게
반드시 필요한 존재다.

왜 인간은
끊임없이
관계를 맺으며 살아갈까

인간관계의 역설과 긍정성

자아는 고립된 것이 아니며, 우리의 정체성도 주변과의 상호
작용에서 시작된다. 우리 자아의 상당 부분은 타자와 사회적
인 것이 차지하기 때문이다. 우리의 습관, 가치관, 문화적 취
향과 기호, 그리고 타자에 대한 태도가 종합적으로 우리의 정
체성을 형성한다. 그렇기 때문에 정체성에서 관계 맺음이 중
요하다. 보통 타자와 관계 맺기라고 하면 주변 사람과 관계
맺기, 가족과 관계 맺기, 연인이나 친구와 관계 맺기 등을 떠
올린다. 여기서는 그보다는 공동체 자체와 맺는 관계의 중요

성을 강조하면서 그것이 자아실현에서 어떤 식으로 작용하는지 이야기해보려 한다.

타자와 관계 맺는 방법, 관계 맺기의 원리와 구체적 요령에 대해 말하기 전에 건강한 자아 형성에 공동체가 왜 필요하며 이를 위해 타자를 어떻게 수용해야 하는지부터 이해할 필요가 있다. 공동체적 관계는 가족에서부터 시작되며, 모든 사회적 제도는 자연적 친족 관계를 확장하고 뒷받침하기 위해 나온다고 할 수 있다. 특히 연인이나 부부 같은 관계가 공동체적 관계의 출발점으로서 매우 중요하다. 서로 다르게 성장한 두 사람이 공동의 가치와 삶의 목표를 위해 함께 노력하는 것이 가족관계이기 때문이다.

최근 《조선일보》(2021년 3월 11일)에 아주 흥미로운 내용의 기사가 실린 적이 있다. 말년 부부의 장수 비결이 냉장고와 침대를 공유하는 것이라고 한다. 부부가 오랫동안 함께 사는 경우 혼자 생활하는 노인보다 10여 년 정도 더 오래 산다는 이야기다. '둘이 서로 의지하며 사니까 그럴 수 있지 않나?'라고 생각할 수도 있다. 하지만 그보다는 둘이 살면 신체적인 것, 정신적인 것, 정서적인 것들을 훨씬 더 잘 챙기게 되기 때문이다. 혼자 지내다 보면 아무리 자기관리를 잘해도 누구와 함께 지낼 때만큼 하게 되지는 않는다. 식사만 하더라도 규칙적으로 꼬박꼬박 챙겨 먹기보다 아무 때나 대충 먹는 경우가 많다. 반면 부부가 함께 살면 아무래도 좀 더 규칙적으로 더 잘 챙겨 먹게 된다. 그리고 서로의 건강에 대해서도 늘 신경을 쓸 수밖에 없다. 정서적인 것을 넘어 실제적으로도 커플관계가 서로에게 유익하다.

그러나 역설적으로 여기서의 핵심은 '부부는 항상 힘이 된다'가 아니다. 오히려 현실에서는 친밀한 사이일수록 갈등이 빈번한 경우가 많다. 누군가와 함께 사는 일은 아무리 깊이 사랑하는 사이라 하더라도 쉽지 않다. 인간은 본질상 서로가 서로에게 고통을 줄 수밖에 없는 존재이기 때문이다. 그러나 고통을 주기도 하지만 동시에 서로에게 힘이 되어주는 것 또한 사실이며, 이것이 인간관계의 역설이다. 인간 사이에는 마냥 고통스럽기만 한 관계도 없고, 마냥 힘이 되기만 하는 관계도 없다. 늘 양면성이 함께 존재한다. 공동체적 관계는 때로 힘들지만 갈등을 잘 해결하면 서로에게 큰 힘과 이익이 될 수 있다. 연인을 보더라도 전혀 싸우지 않는 관계보다 싸우고 난 뒤 어떻게 이를 잘 풀어내면서 더 성숙해지는지가 두 사람의 관계를 돈독히 하는 척도가 된다.

부부가 같이 살면 보통 남성의 경우는 15년, 여성의 경우는 10년 정도 더 오래 산다는 통계만 보더라도 좋은 관계라는 것이 얼마나 서로에게 중요하고 필요한 것인지를 알 수 있다. 결국 인간은 서로에 대해 지극히 이중적인 존재일 수밖에 없다. 그럼에도 인간은 타인 없이는 살아갈 수 없다. 서로를 불편해하고 싫어하면서도 또 누군가를 필요로 한다. 만약에 재난 영화에서 자주 보는 것처럼 다 죽고 나 혼자 폐허에 살아남았다고 생각해보라. 그때 우리가 가장 먼저 하는 일은 분명 영화에서처럼 다른 누군가를 찾아다니는 일일 것이다. 그런 상황에서는 서로에게 힘이 되어줄 누군가가 절실하기 때문이다. 더군다나 생존의 문제 앞에서 인간은 모르는 사람과도 끈끈하게 연대하며 힘과 지혜를 모아 어려움을 극복하려 한다. 이럴 때 타자는 정서적 지지의 원천이 된다. 안정된 정서와 신뢰는 건강한 자아에서 아주 중요한 부분이다.

그리고 타자는 단지 정서적 지지만을 위해 필요한 것이 아니라 내 정체성 형성에 깊이 관여한다. 사회정신분석학자 파울 페르하에허(Paul Verhaeghe)가 『우리는 왜 어른이 되지 못하는가』에서 말한 것처럼 나와 관계를 맺는 이성이나 주변 사람들은 '동일시'와 '분리'를 통해 내 정체성 형성에 깊이 참여한다. 동일시란 이상화된 태도나 정서를 따라하면서 일체감을 느끼는 것이며, 분리는 부정적 모습과 타자를 무차별적으로 모방하는 것을 조금씩 덜어내는 것으로, 이런 과정을 통해 나의 특성과 모습이 만들어진다.

연애관계를 통해 우리는 성적 정체성과 사랑에 대해 배우며, 주변 사람들의 삶의 방식과 가치를 모방하고 동일시함으로써 우리 정체성의 큰 부분으로 만든다. 개인의 정체성이 문화권마다, 시대마다 다 다르게 형성되는 것도 그 때문이다. 이처럼 타자는 정서적 안정과 지지는 물론이고 나의 성적·인격적·문화적 정체성의 거울이자 구별 기준이 되면서 나의 정체성의 핵심 요인 역할을 한다. 이런 관계의 물질적 토대가 바로 문명이다.

문명 속의 불만

문명은 보통 물질화된 것, 인간의 생산물, 그리고 인간이 자연을 정복해 변형한 결과 등으로 이해되어 왔다. 인간의 편익과 편리를 위해 고안된 여러 테크놀로지와 외형적으로 확인 가능한 과학적 산물이 문명의 정의라고 생각하는 것이다. 그러나 프로이트는 문명의 성격을 이전의 주장과는 조금 다르게 정의한다. 그는『문명 속의 불만』에서 문명은 특히 타인으로부터 오는 고통을 다스리기 위해 사회적 관계를 통해 만들어졌고, 가치관이나 정신적인 것을 포함한다고 말한다. 문명은 많은 편리함과 유익을 가져다주었지만 문명 자체가 또 다른 고통의 원인이라고도 이야기한다.[13] 물질화된 성과보다 인간이 상호 공존하기 위해 만들어낸 여러 가지 관계와 그 관계를 유지하기 위한 여러 제도들, 즉 도덕이나 종교, 문화 등이 문명의 본질이라는 것이다. 물론 우리는 이런 결과물로 인해 자연과학이나 건축, 자연을 개량한 생산물 등 물질적인 것을 얻기도 한다. 하지만 더 중요한 문명의 본질은 인간 상호 간의 관계라는 이야기다.

　인간은 왜 문명을 발전시켰을까? 그것은 인간이 감내할 수밖에 없는 고통을 줄이기 위한 과정에서 비롯되었다. 인간은 살아오면서 여러 가지 형태로 고통을 당하게 되었고, 이 고통을 없애기 위해서는 서로 협력할 필요가 있었다. 오래전 배고픔이 일상이던 시절에는 하루하루를 생존하는 것이 가장 큰 과제였다. 먹을 것을 찾아다니는 과정에서 인류는 추위와 더위, 굶주림과 들짐승의 습격 등 다양한 고통에 놓일 수밖에 없었고, 그런 것들로부터 자신을 보호하고 고통을 제거하기 위해 문명을 발전시켜왔다. 이런 과정은 필연적으로 인간 상호 간의 관계를 전제로 한다.

그런데 책의 제목인 『문명 속의 불만』에서도 알 수 있듯이, 프로이트는 이런 문명 자체가 인간에게 편리함과 유익함을 주기도 하지만 동시에 불만과 불안을 갖게 한다고 말한다. 그는 "인간은 사회 속에서 완전히 행복해질 수는 없지만 사회 없이는 생존할 수 없다"라고 덧붙인다. 도시 생활에 지친 많은 사람들이 간혹 무인도 같은 자연 속에서 지냈으면 좋겠다고 말할 때가 있다. 하지만 정말로 무인도에서 나 홀로 지낸다고 생각해보라. 처음 한동안은 해방감을 느낄지 모르지만 얼마 지나지 않아 밀려드는 고독감과 두려움, 공포를 견디지 못해 다시 도시가 그리워질 것이다. 톰 행크스 주연의 영화 〈캐스트 어웨이〉에서 비행기 사고로 무인도에 떨어진 그가 가장 먼저 한 일은 누군가의 발자취를 찾아다니는 것이었다. 끝내 아무도 찾지 못한 주인공은 그곳에 오두막을 짓고 물고기를 잡고 열매를 따먹으며 살아간다. 그러나 그것만으로 채울 수 없는 것이 있었다. 그는 친구가 필요했다. 배구공에 사람의 얼굴을 그린 뒤 윌슨이라는 이름을 지어주고는 날마다 윌슨과 대화를 나눈다.

삶을 위해 서로가 서로를 필요로 하는 관계, 때로는 타인 때문에 고통을 당하면서도 어느 순간 타인을 필요로 하는 것, 이것이 바로 인간의 본성이며, 프로이트가 말하려는 것도 이와 같다. 인간은 그 본성상 사회적 존재일 수밖에 없으며 그래서 문명은 인간의 존재 기반이 된다. 인간이 가장 견디기 힘든 것이 고립감이며, 공동체로부터 배척되는 상황이다. 그러기에 인간은 아리스토텔레스가 말한 것처럼 '사회적 존재'일 수밖에 없다. 공동체를 떠나서는 인간다운 삶이 불가능하며, 자아에도 이런 사회적인 것이 당연히 반영된다.

사회는 상호작용의 연속

결국 사회는 보이는 제도가 아니라 보이지 않는 관계와 상호작용의 연속이다. 특히 자아 리셋에는 나와 나의 관계, 나와 주변의 관계, 나와 세계의 관계를 어떻게 맺는가 하는 것이 아주 중요하다. 사회철학자 칼 폴라니(Karl Polanyi)는 "죽음에 대한 깨달음, 자유에 대한 깨달음, 사회에 대한 깨달음은 서양인의 의식을 구성하는 세 가지 사실"이라고 말한다. 인간이 살아가면서 성찰하는 것 중 하나가 바로 죽음, 자유, 그리고 사회다. 사회란 무엇일까? 왜 사회는 우리를 구속하고 그럼에도 불구하고 인간은 사회를 떠나지 못할까? 사회는 어떻게 해서 발전할까? 그리고 이상적인 사회는 어떻게 나아가야 할까?

이런 질문에 대해 스스로 답을 찾는 과정을 사회화 단계에서 배워야 하며, 사회와 타자에 대해 올바로 이해하고 받아들이는 열린 태도가 필요하다. 아주 어린 시절부터 유치원이나 학교에 다니면서 공동체적 관계에 대해 경험하고 배우는 과정이 중요한 것도 그 때문이다. 사회 속에서 산다고 사회적 본성이나 타자에 대한 이해가 저절로 습득되지는 않는다. 건강한 사회적 관계는 집단 속에서 교육과 훈련을 통해 형성된다. 가정, 동네, 학교, 직장이 다 이런 관계를 배우고 형성하는 장이다. 그런데 현대사회에서 개인주의가 강조되면서 내가 옳다고 믿으면 옳은 것이라는 잘못된 믿음이 만들어지기도 한다. 특히 요즘과 같은 팬데믹 시대에 비대면 활동이 늘어나면서 자칫 이런 자기중심주의가 확산될 염려가 있다. 그러나 변하는 것이 사회이며, 사회적 가치관은 특정한 역사적 조건과 공동체적 관계의 변화에 따라 끊임없이 바뀐다. 사회적 가치관을 만들어가는 역동적 과정 자체가 사회이자 공동체의 본질이다.

우리는 사회를 어떤 형태적인 것으로 생각한다. 하지만 사회는 형태도 아니고 특별하게 고정되어 있는 것도 아니고 구조도 아니다. 인간과 인간의 상호작용 자체가 사회다. 동물도 사회를 이루고 사는 것 같지만 동물과 인간 사이에는 엄연한 차이가 있다. 동물은 대부분 생존을 위한 근거로 군집을 이루는 반면, 인간은 생존을 위한 것도 있지만 상호작용을 통해 끊임없이 서로 영향을 주고받으며 변화하는 존재다. 결국 인간의 본성 자체는 사회로부터 오며, 사회적인 것을 떠난 인간의 본성은 있을 수 없다.

행복하게 살기 위해서는 물론이고 나 자신을 제대로 성찰하기 위해서도 사회적 관계에 대해 충분히 이해할 필요가 있다. 사회적 관계나 타인에 대해 잘 이해하지 못하는 사람은 유아론(solipsism)에 빠지거나 자기중심적 사고에서 벗어나지 못한다. 1부에서 살펴보았듯이 이것을 나르시시즘이라고 한다. 나르시시즘은 한마디로 자기에게 모든 에너지가 쏠려 있으며, 타자에 대한 관심도, 사회적 제한도 인정하지 않는 자폐적이고 불완전한 심리 상태다. 타자는 내 마음대로 조작하거나 그 존재를 부정할 수 있는 부속물이 아니라 사회를 함께 형성하는 존재이며, 삶을 위해서는 공동체적 관계와 타자의 침투와 영향을 인정해야 하는데 그 모든 것을 나를 중심으로 판단한다.

나르시시즘이 지나치면 자기애성 성격장애가 되어 타자와 갈등을 일으키고, 심하면 사이코패스처럼 타자에게 범죄를 저지를 수 있다. 사이코패스는 자신의 이익과 쾌락을 위해 타자를 짓밟고 도구처럼 생각하는 병리적 구조다. 한마디로 타자의 자리를 인정하지 않는 사람들이 사이코패스다. 평범해 보이는 일반인 중에서도 상황에 따라 이런 성향이 나타나는 사람들이 있다. 소심하고 온순해 보이는 사람이 누군가와 연애를 하면서 자신의 욕망에 따라 상대를 착취하거나 상대를 지배하려는 행위 자체가 이런 성향의 발로다. 요즘 이런 일이 잦다보니 데이트 폭력의 심각성이 자주 고발되면서 심심찮은 사회문제가 되기도 한다.

또 다른 예로 코로나19 방역 초기에 공공장소에서 마스크를 쓰지 않고 있다가 이를 지적하는 이웃에게 화를 내거나 폭력을 행사하면서 일탈적 모습을 보이는 사람들이 있었는데 이 또한 자기중심적 태도다. 이것은 타자에 대한 이해가 부족하고, 관계를 수용하지 못하면서 유아론적 심리에 빠지는 병적 상태라고 할 수 있다. 자기중심성은 이해력 부족이 아니라 심리적 미성숙이다. 타자를 인정해야 하고, 타자와 소통하기 위해서는 나의 관점에서 벗어나야 한다는 것을 알지만 그렇게 하지 않으려는 완고함이 있는 것이 나르시시즘이다.

또 현대에 이르러서는 사회와 단절하고 살아가는 은둔형 외톨이라는 병리적 상태로 나타나는 경우가 많다. 이 사람들은 타자에게 해를 끼치지는 않지만 문을 걸어잠그고 외부와의 교류를 거부한다는 점에서 자기폐쇄적 상태라 할 수 있다. 그러나 은둔형 외톨이도 이상심리의 하나로 분류되지만 처음부터 은둔형 외톨이로 태어난 사람은 없다. 사회적 관계 속에서 살다가 어떤 계기를 통해 사회로부터 도망쳐 나만의 성으로 침잠하면서 점차 고립되고, 이런 상황에서 좌절하면서도 무기력하게 머무는 상태가 된다. 타자에 대한 실망이나 두려움이 너무 큰 나머지 그것에 사로잡혀 자기 힘으로는 거기에서 빠져나오지 못하는 경우가 외톨이다.

자기애적 성격장애에 빠지거나 은둔형 외톨이가 되는 원인은 여러 가지가 있을 수 있지만 폴라니가 말한 것처럼 사회에 대한 깨달음이 부족하고, 타자와의 역설적이면서 불가피한 관계를 인정하고 해결하는 경험을 제대로 하지 못했기 때문이라고 할 수 있다. 특히 오늘날 핵가족이 일반화되고, 물질적 풍요가 가속화되면서 현대인의 이기성이 더 강화되다 보니 그 반대급부로 자기애적 성격장애가 늘거나 사회적 관계의 좌절이 큰 경우 은둔형 외톨이가 되는 경우가 많다. 사회적 관계의 필요성과 본성에 대해 제대로 이해해야 한다. 그리고 그런 것을 문화와 도덕의 형태로 전달하는 사회 공동체가 매우 중요하다. 나르시시즘이 만연한 사회에서는 모두가 불행해지기 쉽다.

좋은 관계의 시작,
나와 나의
관계 잘 맺기

자아, 모든 관계의 출발점

좋은 관계를 위해서는 다음의 세 가지를 잘해야 한다. 첫 번째는 나와 나의 관계를 잘 맺는 것이다. 나와 나의 관계를 맺는 데에는 상당한 성찰과 노력이 필요하다. 앞에서 살펴봤듯이 자아는 고정되어 있는 것이 아니며 제대로 알기도 힘들기 때문이다. 자아야말로 관계의 산물인 동시에 다른 관계를 가능하게 하는 뿌리이기 때문에 더욱 나와 나의 관계를 잘 맺어야 한다.

두 번째는 나와 타자의 관계를 잘 맺는 것이다. 나와 타자의 관계가 잘 형성되어야 자아가 건강해지며, 내 삶의 요소들이 상호작용 속에서 새롭게 발전하고 풍성해진다. 위에서 말한 것처럼 나르시시즘적 상태에서는 타자에 대한 수용이 불가능하다. 나와 타자의 관계는 바로 세 번째인 공동체적 관계 만들기로 이어진다. 공동체적 관계는 제도나 가치관, 집단 정체성과 의식 같은 것이 더해질 때 가능하다. 무조건 같이 모여 군집을 이루는 것은 진정한 공동체가 아니다. 서로가 서로에 대해 상호작용하고, 부정적 상호작용은 함께 해소해나가면서 공동의 목표를 향해 나아가는 능력을 갖춘 상태가 성숙한 공동체이며 지속 가능한 사회다. 그렇지 않고 서로를 이용하고 적대시하는 사회는 제대로 기능하는 사회가 아니다.

서로를 인정하지 않고 적대시하는 사회는 재난 영화에서 볼 수 있는 극한의 생존 게임 혹은 서로가 서로를 잡아먹으면서 파멸시키는 좀비의 사회다. 좀비는 영화에만 존재하는 게 아니라 우리 주변에도 있다. 극단적인 비유일 수도 있지만 좀비물의 영화에서처럼 서로가 서로를 사냥하는 관계로 대하며 살아가는 존재들은 좀비와 다름없다. 좀비처럼 서로에 대해 아무런 관심도 없고 돕지도 않으며 다만 서로를 사냥의 대상으로 여기는 것은 홉스가 말한 것처럼 만인이 만인에 대해 싸우는 정글의 상태다. 이런 사회는 공멸할 수밖에 없기 때문에 생존을 위해, 또 사회를 위해 공동체적 관계를 맺으려는 노력이 필요하다.

세 가지의 관계 맺기 중 먼저 나와 나의 관계 맺기에 대해 알아보자. 나와 나의 관계는 곧 자아상이라고 말할 수 있다. 이때의 자아상은 자아에 대한 이미지가 아니라 내 자아에 대해 어떤 관계를 만드는 것이며, 이것은 모든 다른 관계의 출발점이자 원형이다. 심리학자들은 자기를 사랑하지 못하는 사람은 남을 사랑하지 못한다고 말한다.

나는 여기에 한 가지 덧붙여 자기를 잘 이해하지 못하는 사람은 남들도 절대 이해할 수 없다는 것을 강조하고 싶다. 자신을 먼저 잘 이해하는 사람이 다른 사람도 잘 이해하고 공감할 수 있다. 자기 자신조차 제대로 이해하지 못하는 사람이 타인을 이해하고 품는다는 것은 동정심이지 진정한 공감의 관계가 아니다. 자신이 갖는 성격적 성향이나 편향을 객관화해 인식할 수 있을 때 그것을 교정하는 과정에서 세상과 타자를 제대로 보고 공존하는 능력도 발생한다.

그러기에 소통은 나로부터 시작된다고 말하는 것이다. 그리고 관계는 나와 타자가 그냥 작용하는 것이 아니라 정체성과 정체성이 서로 영향을 주고받는 과정이다. 나의 정체성이 제대로 형성되면 여기에는 불가피하게 타자적인 요소가 들어가기 마련이다. 나와 타자의 정체성이 함께 어우러져 여러 사람에게 확대되면서 상호 긍정적 영향을 미치면 이것이 곧 공동체적 관계로 발전한다. 이것을 상호주체적 욕망이라는 말로 표현할 수 있다. 상호주체적 욕망이란 서로의 관계를 욕망의 조건으로 인정하면서 서로를 배척하는 것이 아니라 수용하는 공생적 욕망을 말한다. 상호주체적 욕망은 물질적 대상이 아니라 존재 자체에 충실한 순수 욕망이다.

앞에서도 여러 차례 강조했듯이 물질적 욕망은 욕망이 아니다. 관계 자체에 충실한 것이 욕망인데, 물질적 욕망은 이 관계를 일종의 대상으로 바꿔치기한 것이고, 자기실현의 의지를 쾌락으로 바꿔치기한 것이며, 삶에 대한 자유를 집착으로 바꿔치기한 것이다.

결국 정체성과 이를 기반으로 하는 순수한 욕망이 잘 유지될 때 우리는 나와 나의 관계를 잘 맺을 수 있다. 나와 나의 관계를 잘 맺는다는 것은 이상적인 자아상을 갖고 자기를 사랑하는 것이 아니라 자기와 자기의 관계가 늘 긍정적이고 생산적으로 작용한다는 이야기다. 그러기 위해서는 끊임없이 나 자신에 대해 질문을 던져야 하고, 나 자신에 대해 제대로 관계를 맺고 있는지 돌아볼 필요가 있다.

정체성, 끊임없는 상호작용의 산물

나와 나의 관계 맺기에서는 정체성이 아주 중요하다. 오늘날 나의 정체성에 대한 질문에는 사회적 범주의 여러 가지들이 모두 포함된다. 나는 여자인가, 남자인가? 나는 노인인가, 젊은이인가? 이런 질문은 사회가 규정하는 생물학적인 여성성과 남성성, 노인과 젊은이 등의 정체성과는 또 다른 문제다. 우리 사회에는 여성 같은 남성도 있고 남성 같은 여성도 있으며, 젊은이 같은 노인이 있는가 하면 노인 같은 젊은이도 분명 존재한다.

우리는 생물학적으로 범주를 고정화시켜 나누는 데에 익숙하다. 나이가 20대이고 남성이고 키는 얼마고 등등 생물학적 지표들로 정체성을 규정해 이야기하지만 실제 중요한 것은 자신의 정체성을 여러 관계로부터 사고하는 것이다. 타자는 내게 어떤 존재이며, 나의 정체성은 그런 상호작용에서 어떻게 형성된 것인지 물어야 한다. 이런 사고 없이 무조건 '나는 누구인가?'라고 묻는 것은 마치 맥락 없이 선문답을 하는 것과 같다. 그 답은 관계를 형성하고, 그 속에서 문제를 해결하고 성장하는 삶의 역동성에서 찾아야 한다. 자아는 관계망의 산물이기 때문이다.

앞에서 설명했던 조하리의 네 개의 창은 어느 정도 고정된 캐릭터, 고정된 자아를 전제한다는 한계를 갖고 있다. 사실 우리의 자아는 끊임없는 상호작용의 산물이지 그렇게 고정된 무언가가 아니다. 예를 들어 역동적이라거나 외향적이라거나 내성적이라거나 하는 식으로 자아에 대해 고정된 이미지를 갖는 것은 자아의 극히 일부분일 뿐이지 결코 정체성의 본질이 아니다.

정신분석학자 파울 페르하에허가 말했듯이 자아는 "외부 세계가 우리 몸에 새겨 넣은 관념의 집합"이며 "타인과의 일치와 구분이라는 양극단의 긴장 지대에서 형성"된다.[14] 외부 세계는 여자 혹은 남자라는 관념, 젊은이 혹은 노인이라는 관념, 또 잘생긴 사람 혹은 못생긴 사람이라는 식의 다양한 관념들로 표현된다. 그리고 타자와 소통하는 열린 사람, 닫힌 사람, 못된 사람, 선한 사람 등 여러 가지가 어우러져 있는 것이 자아다. 그래서 캐릭터를 자아 정체성의 전부라고 생각하면 안 된다. 캐릭터는 오히려 상황에 대한 나의 대처 능력으로 나를 형성하는 일부에 불과하다.

우리는 타인과의 관계에서 끊임없이 영향을 받지만 동시에 타인은 나의 정체성을 위해 배제되어야 할 존재이기도 하다. 타인과 내가 하나가 되어버리면 나라는 존재가 들어설 수 없기 때문이다. 그러니까 내가 오롯이 서기 위해서는 타인과 일체감을 느끼는 동시에 분리가 이루어져야 하는데, 일체감만도 아니고 분리만도 아닌 그 경계 지점에 바로 자아가 있다. 자아는 그만큼 역동적이다. 그렇기 때문에 자아와 관계를 맺기 위해서는 나와 타자와의 끊임없는 상호작용의 경계 지점에 대해 잘 이해하고 늘 이 상호작용에 대해 생각할 필요가 있다. 자아 정체성을 관계망의 산물로 정의할 때 자아를 실현할 수 있는 좋은 방법들이 나올 수 있다.

대개의 발달심리학자들은 우리가 주목해야 할 부분은, 자아 정체성이나 자아상이 고정되어 있지 않고 생의 특정 주기에 따라 끊임없이 바뀐다는 점이라고 말한다. 심리학자 고든 올포트(Gordon Willard Allport)는 "청년기는 자기에 대한 새로운 탐색기"라고 이야기한다. 실제로 고등학생 때는 우리가 살아가면서 정체성에 대해 가장 많은 어려움을 경험하는 시기이기도 하다. 어린아이에서 어른으로의 성장이 요구되는 시기이기 때문이다. 이전까지는 부모의 보살핌 속에서 자신이 한 어떤 행동에 대해 크게 책임을 느끼지 못했지만 18세 이상이 되고 성인의 문턱에 들어서면 발생하는 사회적 관계에 대해 스스로 책임을 져야 하기 때문에 '내가 누구인가?' 하는 것이 더욱 중요해지는 시기다.

인류학자들의 연구에 따르면 원시 집단에서 성인식이 매우 중요한 역할을 하는 것도 같은 맥락이다. 우리나라도 예전에는 성인식이 있었는데, 단순히 외모가 바뀌고 대우가 바뀌는 것이 아니라 나의 자율적 정체성에 대해 비로소 확신을 갖기 시작하는 시기라는 것을 의미한다.

그런데 오늘날은 나 스스로 정체성에 대한 질문을 던지기 전에 사회와 부모와 주변에서 나의 정체성을 만들어준다. 문제는 이 정체성을 진짜 자기의 정체성으로 알고 평생을 살아가는 경우가 많다는 데에 있다. 나의 정체성이 정말 관계의 산물이라면 이 관계 자체를 재검토해볼 필요가 있다. 이것이 바로 자아 리셋이 필요한 이유다.

발달심리학으로 유명한 에릭 에리슨(Eric Ericson)은 집단 정체성은 사회적 정체성과 개별적 정체성으로 나타나는데, 유아기, 학년기, 청소년기, 성인 초기, 성인 중기, 노년기 등 발달에 따른 시대적 특징과 평생에 걸친 과업이 있다고 이야기한다. 그는 인간이 사회화를 거듭하며 성장하는 단계를 총 8단계로 설정하면서 정체성은 고정된 것이 아니라 각 과정마다 매번 특정 과제가 주어지며, 이것을 해결하는 과정에서 형성된다고 말한다.

에릭슨에 따르면 발달은 연속적이며, 매순간 주어진 과제를 해결하면서 이루어지고, 이 과정에서 정체성이 형성되고 변화한다. 예를 들어 최초 유아기에는 신뢰와 불신의 대립이라는 과제가 있다. 아이가 부모의 따뜻한 보살핌과 사랑을 받는다면 그 아이는 가족과 애착관계가 형성되면서 신뢰감이 기본 정체성으로 자리 잡는다. 그 반대의 경우에는 주변에 대한 불신이 형성된다.

마찬가지로 성인 초기에는 친밀감이냐, 고립감이냐의 심리 사회적 위기를 경험하게 되는데 이 과정을 잘 극복하면 타인과 자신의 정체성을 통해 상호 헌신과 사랑의 관계를 형성할 수 있다. 에릭슨은 이처럼 매 시기마다 과제를 해결하면서 정체성의 내용이 성장하거나 퇴보할 수 있다고 말한다. 자아가 끊임없이 변한다는 것을 심리학자들의 이론을 통해서도 잘 알 수 있다.

순수 욕망, 존재를 향한 정념

자아는 절대 고정된 게 아니라는 점은 긍정의 가능성을 연다. 고정된 자아는 하나의 테두리 안에 자기 자신을 가두기 때문에 나타나는 것이지 거기에서 벗어나기 위해 노력하면 얼마든지 또 다른 자신의 모습을 발견하게 된다. 이것을 순수 욕망으로 이야기할 수 있다. 순수 욕망은 집착이나 탐심이 아니라 나의 존재에 대해 발견하는 것을 말한다. 내 삶의 주인이 되는 것은 존재에 대한 발견과 순수 욕망을 통해서 가능하다. 물론 이 존재는 물질화된 존재도 아니고, 이미지화된 존재도 아니어서 발견하기가 어렵다. 그리고 이 존재와 마주하는 순간 우리는 항상 불안을 느낀다. 존재라는 것이 보이지도 않고, 그 확실성을 어떻게 표현하기가 막막하고 두렵기 때문이다. 그렇다 보니 이 존재에 대한 발견보다는 존재를 자꾸 형상화해 표현하려 한다. 조금 어렵더라도 내 삶의 주인이 되기 위해서는 이 존재를 제대로 발견해야 하는데, 이 존재의 발견을 위한 의지가 바로 순수 욕망이다.

욕망은 우리에게 활력을 주고 우리의 삶을 만들어주지만 욕망에서 길을 잃어버리는 순간 탐욕이 되고 집착이 되어 파멸을 불러올 수 있다. 불교에서는 이것을 갈애(渴愛)라고 표현하는데, 갈애의 상당 부분은 무명(無明)에서 온다. 무명은 잘못된 의견이나 집착 때문에 진리를 깨닫지 못하는 마음의 상태를 뜻한다. 이 집착이 우리로 하여금 지속적으로 무언가를 탐하게 하고, 그것을 성취하면 할수록 공허감은 더 커진다. 그런데 순수 욕망을 금욕에 대한 욕망으로 이해하면 안 된다. 아무것도 욕망하지 않고 금욕하거나 고행하라는 이야기가 아니다. 내 존재에 대한 발견이 쉽지 않지만 그것을 위해 노력해야 하며 이런 과정에서 찾은 존재와 관계를 맺는 것이 순수 욕망이다.

순수 욕망의 반대 개념은 타자의 욕망 혹은 소외된 욕망이다. 타자를 의식하며 사회가 나에게 어떤 답을 주기를 바란다. 어린아이에게 무엇이 되고 싶은지 물어보면 많은 아이들이 아이돌이나 운동선수라고 대답한다. 이것이 바로 타자의 욕망이다. 그들의 화려함 뒤에 어떤 고통이 뒤따르는지 모른 채 그저 돈을 많이 벌고 화려한 조명을 받는다는 이유로 연예인이나 운동선수가 되고 싶어 한다. 물론 커가면서 이 같은 희망 사항은 수차례 바뀌겠지만 어릴 때부터 교육을 통해서라도 욕망을 찾는 기술을 제대로 배워야 하는데 그런 과정을 거치지 못하다 보니 온갖 매체를 통해 제시된 모델에 사로잡히게 된다. 내가 욕망의 주인이 되는 것이 아니라 어떻게 보면 욕망의 노예가 되어 집착을 욕망으로 착각한다. 그렇기 때문에 순수 욕망을 찾으려는 우리의 노력은 무엇보다 중요하고 반드시 필요하다.

순수 욕망이 나쁜 욕망인지를 구분하는 좋은 증거는 망상이 아니라 환상을 갖는가 하는 것이다. 환상은 망상과 구별되는데 전자는 자신의 앞날에 대해 좋게 생각하는 '자기 충족적 예언'처럼 자아가 통제하는 상상적 시나리오다. 반면 망상은 우주인이 내게 특별한 사명을 주었다고 믿고 그대로 행동하는 것처럼 현실과 전혀 맞지 않는 극단적 상상을 말한다. 환상은 욕망이 유지되는 데에 아주 중요한 역할을 한다. 환상은 개인적인 환상이기도 하지만 사회적인 것이기도 하다. 사회가 건강하기 위해서는 건강한 사회적 환상이 있어야 한다. 물론 이 환상은 현실을 완전히 실현하는 것은 아니지만 현실에서 살 수 있는 믿음과 소망을 준다. 예를 들어 열심히 노력하면 잘살 수 있다는 믿음이 통하는 사회라야 건강한 사회지, 그렇지 않고 열심히 해봤자 금수저가 될 수 없다는 식의 사고가 팽배한 사회, 즉 환상이 깨져버린 사회에서는 아무도 열심히 일하지 않을 것이다.

사회가 건강하려면 좋은 환상이 가득 차야 하지만 그렇다고 해서 좋은 환상이 마취제는 아니다. 환상과 마취제를 구분해야 하는데 환상은 마취제가 아니라 불안, 그리고 불안의 징표이기도 한 결여를 견뎌낼 수 있도록 해주는 것이다. 오늘은 어렵고 힘들어도 내일은 조금 더 나아질 수 있다는 믿음이 있는 사람은 오늘의 고통을 견뎌낼 수 있다. 그런데 이런 믿음이 없다면 오늘의 고통에서 벗어나지 못한다. 영화 〈바람과 함께 사라지다〉에 나오는 "내일은 또 내일의 태양이 뜰 테니까"라는 대사처럼 내일에 대한 희망이 있을 때 우리는 살아갈 의지를 갖게 되며, 인간은 이런 환상을 필요로 한다. 욕망의 제일 좋은 조건은 환상과 제대로 관계를 맺는 것이다.

하지만 집착이나 탐심의 특징은 환상이 아니라 망상이 작동하는 것이며, 망상은 결여를 전혀 인정하지 않으려는 것이다. 예를 들어 '억만장자가 되면 정말 행복해질 거야'라고 생각한다고 해보자. 그러면 억만장자들은 정말 행복하게 살아야 하는데, 세상의 모든 억만장자들이 무조건 다 행복한 것은 아니다. 돈은 우리가 살아가는 데 행복의 중요한 수단이기는 하지만 돈 자체가 우리를 완전한 만족으로 이끌지는 못한다.

환상은 욕망을 이끌어내고 유지시키는 동력이지만 그렇다

고 환상에 매몰되면 안 된다. 오히려 환상 자체가 아니라 그 속에 자리 잡은 나의 존재를 발견하고 그것을 소중히 하면서 상상화된 자아, 지나치게 부푼 주체를 소멸시키는 것이 중요하다. 여기서 주체가 소멸한다는 것은 사라지고 죽는다는 것이 아니라 기만적인 가식이나 사회적 가면으로 가득 찬 상상적 자아가 스스로 순수 욕망 속에서 소멸되는 것을 말한다. 사회가 부여하고 이상화하는 욕망은 순수 존재를 위한 것이기보다 '명예'나 '권력'처럼 그 시대의 특정 가치나 잔뜩 부풀려진 자아를 대변하는 경우가 많다.

사회적 욕망을 맹목적으로 좇는 것은 소외된 주체의 모습이다. 에리히 프롬이 『소유냐 존재냐』에서 강조한 것처럼 물질적 소유를 추구하는 맹목적 자아를 벗어나 존재의 참모습을 발견하는 것이 중요하다. 나의 삶과 존재 실현을 위해 욕망이 필요한 것이지, 욕망을 위해 내가 사는 것은 아니므로 이런 관계를 바로 인식할 필요가 있다. 욕망의 주인이 되어야지 노예가 되어서는 안 된다는 것이다.

공존과 연대의 모색,
나와 타자의
관계 잘 맺기

세 가지 고통

인간은 크게 세 가지 고통을 겪으며 살아간다. 첫째는 육체적 고통이고, 둘째는 외부 세계로부터의 고통, 셋째는 타인과의 관계에서 비롯되는 고통이다. 프로이트는 『문명 속의 불만』에서 이 세 가지 고통을 인간 삶의 필연적 조건으로 이야기하면서 그것을 극복하는 과정에서 사회와 문명이 탄생했다고 강조한다.

인간의 육체는 매우 연약해서 아무리 몸을 훈련하고 단련시켜도 육체가 감당할 수 있는 고통에는 한계가 있다. 그래서 늘 긴장 속에 살 수밖에 없다. 아무리 건강한 사람도 장시간 음식물을 섭취하지 못하거나 잠을 자지 못하면 오래 견디지 못하고 죽음에 이를 수 있다. 몸의 어딘가에 지속적인 통증이 느껴질 때도 사람은 고통스러울 수밖에 없다. 이런 고통을 다스리기 위해 인간은 술이나 흥분제 등 다양한 약물과 중독제를 만들어왔다.

그러나 이런 보조 수단보다는 육체적 고통을 해소하는 가장 좋은 방법은 본능을 충족시키는 것이다. 배가 고프면 음식을 먹으면 되고, 몸이 너무 지치면 잠을 자면 된다. 실제로 잘 먹고 잘 자기만 해도 기분이 좋아지는 경우가 많다. 이렇게 본능을 충족시키면 육체적 긴장이 해소된다. 그런데 육체는 하나의 긴장이 해소되면 또 다른 긴장이 시작된다는 특징이 있다. 예를 들어 허기진 배를 채우고 추위에 떨던 몸을 따뜻하게 하고 나면 곧 무료함 같은 것이 찾아온다. 그래서 본능을 달래는 데에는 한계가 있다.

무제한으로 본능을 추구하기보다는 적절한 선에서 본능을 통제하고 다스려야 한다. 쾌락의 역설(paradox of hedonism)이라는 말이 있다. 쾌락을 추구하다가 너무 쾌락에 몰두한 나머지 오히려 고통으로 돌아오는 현상을 말한다. 쾌락을 추구할수록 고통스럽다 보니 고통을 피하는 쪽으로 발전하면서 쾌락주의는 결국 금욕과 절제로 귀결되었다. 심지어는 죽어야만 고통이 끝날 수 있다며 쾌락주의의 어떤 일파는 죽음을 권하는 지경에 이르기까지 했다.

육체적 고통과 육체적 긴장에는 한계가 있다. 그 한계가 곧 죽음이다. 또 본능을 무작정 발산한다고 해서 좋은 것도 아니다. 억압이 안 좋은 것 같지만 만약 화가 난다고 해서 참지 않고 닥치는 대로 화를 낸다고 해보자. 그러면 화가 해소될까? 그렇지 않다. 오히려 화가 더 난다. 화가 날 때는 감정을 좀 삭이며 다른 곳으로 관심을 돌리는 것이 좋지, 화를 터트린다고 해서 속이 후련해지지는 않는다. 그래서 본능을 승화시키려는 노력이 필요하다.

육체적 고통과 긴장을 다스리고 해결하는 것이 중요한데 인간은 이것을 풀어나가는 여러 가지 방법들을 문명 속에서 발달시켜왔다. 술은 자연의 산물이기도 하지만 어떤 면에서 볼 때 인간에게 꼭 필요한 것이기도 했다. 몸에 심한 부상을 당했을 때 사용하기도 하고, 괴로운 일이 있을 때 그 고통에서 벗어나기 위해 술을 마시기도 했다. 하지만 관계를 잘 맺고자 할 때 술에 의존하는 것은 결코 좋은 방법이 아니다. 타자와의 관계에서도 마찬가지다. 흔히 어떤 사람과 친해지기 위해 술을 마신다고 하는데 그것은 술과 친해지는 것이지 그 사람과 친해지는 것이 아니다.

인간이 겪는 두 번째 고통은 외부 세계, 자연이 주는 고통이다. 지금의 과학 문명 시대가 아니라 인간이 아무 것도 갖추지 못하고 자연의 변덕 앞에 내던져진 채 하루하루 생존하던 원시시대를 상상해보자. 어마어마한 추위, 지진, 홍수, 해일 등 생명을 위협하는 온갖 재난 속에서 인류는 생존하는 것 자체가 두려움이었을 것이다. 자연의 압도적인 힘을 설명할 길이 없던 시대의 사람들은 어떻게든 그것에서 벗어나려 자연을 숭배하며 제사를 지내기도 했다. 자연의 두려움에 압도당해 그것을 신처럼 숭배하면서 소극적으로 대응한 것이다. 그러다가 인간은 점차 자연에서 벗어난다. 자연을 숭배하는 자에서 그것을 다스리는 주인이 된 것이다.

인간이 외부 세계의 고통에서 조금이라도 벗어날 수 있었던 가장 중요한 계기는 불을 발견하면서부터다. 불을 사용하게 되면서 인류는 조금씩 자연을 정복해나갔다. 불을 이용해 고기를 구워먹고, 사냥을 하고, 들짐승으로부터 자신들을 보호하면서 전과 다른 안도감을 느꼈다. 불의 사용은 과학의 상징이 되었다. 하지만 불은 인간에게 이로움을 주는 동시에 모든 것을 태워버리는 또 다른 고통을 준다.

외부 세계를 압도하기 위해 인간은 끊임없이 이성을 발전시키고 그에 따른 선물로 자연을 하나하나 정복해나갔다. 하지만 과학이 발달할수록 인류는 편리함을 누리는 동시에 환경 파괴와 전쟁 등 또 다른 고통을 감당해야 한다. 과학은 항상 이렇게 양면성을 갖는다. 동양의 도가 사상에 무위자연(無爲自然)이라는 말이 있다. 인위적인 손길이 가해지지 않은 자연을 가리키는데, 만물의 흐름을 인위적으로 조작하지 않고 자연의 순리에 따르는 태도를 말한다. 이처럼 자연에 동화되어 사는 것이 인간에게도 자연스럽고 행복한 일인데 무리하게 자연을 정복하다 보니 인간은 또 다른 고통을 겪을 수밖에 없다.

인간이 겪는 세 번째 고통은 타인들과의 관계, 사회제도 등에서 비롯되는 고통이다. 인간에게 타인은 삶에서 가장 필요한 존재다. 소포클레스의 희곡 『안티고네』에 나오는 "무시무시한 것이 많아도 사람만큼 무시무시한 것은 없다"는 말처럼 우리를 가장 두렵게 하는 것도 사람이고, 우리에게 가장 힘을 주는 존재 또한 사람이다. 어두운 밤길을 걷고 있는데 뒤에서 누군가 따라오는 발소리가 들린다고 상상해보라. 온몸의 털이 곤두설 만큼 공포가 느껴질 것이다. 그러다 휙 뒤를 돌아봤는데 내가 아는 사람이라면 순간 엄청난 안도감이 찾아온다. 인간에게 타자는 안도감도 주고 두려움도 주는 이중적 존재다. 그래서 이를 해소하고 타인들과의 관계를 잘 맺기 위해 만들어진 인간의 발명품이 바로 다양하게 존재하는 사회제도다. 여기서 말하는 사회제도는 외형적으로 확인이 가능한 물리적인 것만이 아니라 도덕이나 윤리, 종교 등을 포함한다. 타인들과의 관계, 즉 이런 사회제도를 넓은 의미로 사랑이라고 부를 수 있다. 인간이 사랑을 필요로 하는 것은 타인과 공존하기 위해서이기도 하고, 또 타인이 주는 공포감, 두려움을 다스리기 위한 하나의 해결책이기도 하다.

우리는 형제이고 이웃이며, 서로 사랑해야 하고, 공존해야 한다는 이와 같은 메시지는 개개인에게 사회 속에서 살아갈 힘을 준다. 사회적 일탈을 일삼거나 타인한테 고통을 주는 사람에게 벌을 가하고 격리를 시키는 등의 사법제도가 발전하고, 그런 것들을 정당화하는 사회 정의의 개념이 나오게 되는 것이다.

이렇게 세 방향에서 오는 인간의 고통은 오늘날에도 우리가 경험하는 가장 중요한 범주다. 인류는 육체가 주는 고통, 외부 세계가 주는 물리적 고통, 타자와의 관계에서 비롯되는 고통을 해소하기 위해 문명을 만들었다. 그러나 오늘날과 같은 문명사회에서도 어처구니없는 폭력들은 여전히 자행된다. 인간의 이 같은 잔혹함과 폭력성은 인간 문명이 가져오는 역설이다. 결국 인간의 문명은 불완전한 치료제일 수밖에 없다.

인정, 공존, 협동

공존의 중요성과 원리는 프로이트가 인용한 고슴도치의 예로 설명할 수 있다. 추위로 체온이 떨어지면 고슴도치들은 체온을 나누기 위해 서로 몸을 밀착한다. 그런데 고슴도치의 몸은 온통 가시로 뒤덮여 있기 때문에 서로가 서로에게 상처를 입혀 고통스럽다. 그러면 고슴도치들은 다시 저만큼 떨어진다. 그런데 상처가 두려워 멀리 떨어지면 추위라는 고통이 다시 찾아온다. 그렇게 고슴도치들은 추우면 몸을 밀착시켰다가 아프면 다시 떨어지고 다시 밀착했다가 떨어지기를 반복하다가 결국 서로에게 상처를 주지 않으면서도 체온을 나눌 수 있는 적정한 거리를 찾아낸다.

사람도 이와 똑같다. 너무 가까워지면 쉽게 서로에게 상처를 준다. 그게 싫어 멀어지면 다시 서로가 필요해진다. 고슴도치처럼 적당히 유지할 수 있는 거리를 찾아내려면 지혜가 필요하다. 서로의 관계를 통해 유익해질 수 있는 첫 번째 출발점은 타자성을 인정하는 것이다. '타자'라는 말 자체가 내가 어떻게 할 수 없는 대상이라는 의미를 포함한다. 타자는 나의 바깥에 있는 존재이므로 그 자체로 인정해야 한다. 그런데 모든 비극은 타자를 인정하지 않으려는 데에서 생겨난다. 타자의 신념, 타자의 가치관, 타자의 존재 자체를 자꾸 부정하다 보면 갈등이 생겨나고, 이 갈등은 폭력으로 이어진다. 개인주의가 만연한 현대사회에서는 이런 폭력성이 여지없이 드러난다.

2009년 삼성경제연구소에서 '우리 사회 갈등 보고서'를 발표한 적이 있다. 이 보고서의 핵심은 OECD 국가들 중 우리나라가 네 번째로 갈등이 높은 나라라는 것이었다. 최근 발표 자료는 그보다 훨씬 더 높고 심각하다. 2021년 8월 전국경제인연합회는 OECD 30개 회원국을 대상으로 정치·경제·사회 분야를 종합한 '갈등 지수'를 산출했다. 그 결과 한국의 갈등 지수는 3위를 기록해 심각한 상태를 드러냈다. 갈등 지수가 높다는 것은 서로가 서로에게 고통과 두려움을 많이 준다는 이야기로 공동체의 약화를 가져온다. 그리고 이런 갈등으로 인해 발생되는 사회적 손실, 사회적 비용이 GDP의 30퍼센트 가까이를 차지했다. 사회적 갈등을 해결하기 위해 빚을 지고 있는 셈이다. 다시 말해 좀 더 생산적으로 쓸 수 있는 비용을 사회 갈등을 해결하는 데에 낭비하는 것이다.

최근 여론조사 결과에서도 지역 갈등, 세대 갈등, 성별 갈등 등 우리 사회의 갈등은 여전히 심각하게 나타났다. 오히려 전보다 더 다양한 갈등이 생겨났다. 심지어 '여혐, 남혐'이라는 말이 생겨날 정도로 서로가 서로를 적대시하면서 혐오 범죄도 급증했다. 이런 갈등이 해소되지 않으면 갈등 자체의 에너지가 우리 스스로를 파괴할 뿐만 아니라 서로의 정신적 삶도 피폐하게 만들어놓는다. 그래서 더더욱 타자를 인정하고 공존해야 한다.

타자를 인정할 때 나타나는 두 가지 태도 중 하나는 관용이다. 물론 관용은 마지못해 상대를 인정하거나 소극적으로 수용하는 것이 아니라 적극적인 태도를 포함한다. 철학자이자 정치사상가 존 로크(John Locke)는 "관용은 태도가 아니라 일종의 실천이다"라고 말한다. 하지만 관용은 자칫 '관용적 무관심'으로 흘러갈 수 있다는 문제점을 가지고 있다. 다시 말해 타자를 인정은 하지만 관심을 두지 않음으로써 관계를 맺지도 않는 것이다. 이는 인정일 수는 있어도 공존은 아니다. 우리의 본성, 특히 현대사회를 살아가는 우리에게는 관용보다는 연대의 정신이 더욱 필요하다. 해도 그만, 안 해도 그만인 것이 아니라 연대야말로 인간 본성을 잘 발휘하면서 개인들이 조화를 이루고 공동의 선을 실현할 수 있는 가장 좋은 수단이다.

관용은 제국의 논리에 상당 부분 이용되어 왔다. 관용 없이 제국은 성립되지 않는다. 굉장히 넓은 영토를 다스렸던 몽고 제국이 그 대표적인 경우다. 이런 제국이 성립하려면 이민족과 타문화를 인정해야만 한다. 그렇지 않고 강제로 하나의 문화로 통일하려 한다면 제국 이전에 내전이 벌어져 분열되고 만다. 그런 의미에서 본다면 '서북공정', '동북공정'처럼 여러 소수민족을 하나의 문화에 가두려는 오늘날의 중국을 제국이라고 보기는 어렵다. 결국 관용은 주체들의 자유로운 욕망을 전제로 할 때 제대로 발휘되는 것이지, 그런 전제 없이 그냥 관용만 주장하다 보면 정치적 의미의 관용 혹은 강자에 의한 약자에 대한 동정으로 변질될 수 있다.

타자를 인정하는 더 좋은 태도는 협동이다. 자연계를 자세히 들여다보면 서로 협동하는 종(種)이 결국 살아남는다는 것을 알 수 있다. 서로 경쟁하거나 고립되어 사는 종들은 결국 멸종하게 된다. 흡혈박쥐의 경우 다른 종류보다 훨씬 장수하는데 그들의 특징은 피를 나누는 협동에 있다. 흡혈박쥐는 다른 동물의 피를 먹지 못하면 쉽게 죽는데 모든 박쥐들이 항상 피를 먹을 수 있는 것은 아니다. 그럼에도 흡혈박쥐가 장수하는 이유는 바깥에서 사냥을 해 피를 섭취한 박쥐가 동굴로 돌아와 그것을 게워내 다른 동료 박쥐에게 먹이기 때문이다. 동료애가 남달라서라기보다는 생존 본능이 그렇게 발달한 것이다. 게다가 암컷 박쥐들은 어미가 죽어 고아가 된 어린 박쥐들을 입양해 키우기도 한다. 누군가는 이를 두고 도덕성을 이야기하겠지만 그보다는 합리적 도덕의 모형으로 볼 수 있다. 즉 경쟁하는 것보다 이성적으로 협동하는 것이 살아남는 데에 훨씬 더 유리하다는 이야기다.

인간의 모든 본성과 관계는 사회적인데 마치 그것을 남과 무관하게 이루어낸 것처럼, 아니면 나는 그것 없이도 살 수 있는 것처럼 여기는 경향이 강하며, 특히 사회적으로 성공한 사람들일수록 이 같은 사고방식이 만연해 있다. 개인이 운이 좋거나 능력이 출중해서 성공한 것 같지만 엄밀히 따져보면 이런 것은 사회적 혜택에서 비롯된 경우가 많다. 한 사회가 만들어놓은 기반과 성과를 어느 정도 독점할 수 있기 때문에 개인적 성취가 가능한 것이다. 이렇게 보면 기부야말로 사회에서 얻은 것을 일정 부분 다시 사회로 환원하는 것이라 할 수 있다. 우리가 다른 것은 몰라도 미국을 통해 배울만한 것 중 하나는 기부와 자원봉사다. 이것이 미국의 자본주의를 버티게 하는 원동력이다. 빌 게이츠가 천문학적인 액수를 자식에게 물려주지 않고 기부하는 것은 그들이 매우 도덕적이어서가 아니라 진화하는 사회 속에서 살아남기 위해 협동의 방식을 선택하는 것이다. 인간의 우수성은 바로 이런 사회적 협동과 소통에 있다. 인간의 본성은 이기적이지만 동시에 인간은 협동을 필요로 한다.

타자에 대한 이론

사회학자들은 사회를 고정된 것, 어떤 넓은 의미의 제도나 유무형의 형태로 보지 않고 일종의 상호작용의 산물로 본다. 그리고 이런 상호작용이 특히 도시적 삶, 그리고 현대인들에게서 어떻게 나타나는지를 연구한다. 어빙 고프먼(Erving Goffman)은 현대 도시인들의 삶을 '예의바른 무관심'이라는 용어로 표현한다.

가령 전철 안에서도 우리는 옆자리나 마주 앉은 사람에게 관심을 두지 않는다. 오히려 관심을 두면 이상한 사람으로 취급받는다. 이것이 마치 도시의 미덕인 양 생각하지만 예의 바른 무관심이 지나치다 보면 인간의 교류 자체가 단절되어버린다. 앞집이나 옆집에 누가 사는지도 모르고, 고독사가 흔하게 일어나는 사회 현상은 우리의 본성이 삭막해져서도 타락해서도 아니고 도시의 삶 자체가 타인에 대한 무관심과 고립을 조장하기 때문이다.

이것에 대한 성찰이 이루어지려면 인간과 인간의 만남에 의식적인 노력이 필요하다. 그래서 공동체적 관계가 중요할 수밖에 없다. 공동체적 관계의 바탕 없이 개인들끼리 관계를 맺기는 어렵다. 요즘에는 이를 극복하기 위한 일환으로 여러 가지 일상화된 시민운동이 많이 일어난다. 상당히 긍정적이고 고무적인 일이다. 예를 들어 '성미산 마을 공동체' 같은 경우는 흡혈박쥐들처럼 서로가 서로에게 힘이 되어주는 것과 비슷하게 합리적으로 협동하는 도시적 공동체의 모델이다.

이런 상호성 속에서 우리는 타자에게 사회적 역할을 전제하고 만나게 되는데 사회심리학자 조지 미드(George Herbert Mead)는 이것을 "일반화된 타자"라고 이야기한다. 하지만 이 또한 자칫하면 역할이 형식화되고 사람을 도구적으로 대할 수 있다. 그래서 타자적인 것과 상호작용보다는 관계 자체에 고민의 초점을 맞춰야 한다. 현대사회는 점점 더 개성과 자유를 강조하면서 이런 사회적 관계 자체를 물질화시키고 와해시키는 특성이 있기 때문이다.

그런데 이 이야기를 잘못 받아들이면 '그러면 전통사회는 마냥 아름다운 사회였을까?'라고 생각할 수 있다. 철학자이자 사회학자 게오르크 짐멜(Georg Simmel)은 개인의 자유와 개체성이 발달하기 위해서는 집단의 결속이 어느 정도 와해될 필요가 있다고 말한다. 전통사회는 옆집에 숟가락이 몇 개인지 알 정도로 간섭이 심한 사회였다. 불쑥불쑥 내 집에 들어와 참견을 하고, 그로 인한 갈등을 빚어냈다. 짐멜은 모더니티의 특징인 자유와 개체성이 강조되면서 시골은 순수하고 도시는 삭막하다는 관점이 아니라 좋은 점과 나쁜 점이 공존한다고 말한다. 오늘날 우리 사회는 자본주의적 관계가 일반화되어 있지만 그런 관계에서 놓치기 쉬운 협동과 연대를 적극적으로 모색할 필요가 있다.

신자유주의 가치관이 지배하는 현대사회에서는 개인의 권리와 자율을 강조하다 보니 오히려 무관심한 관용을 조장하는 경향이 있다. 그러나 타자에게 무심한 것은 오히려 새로운 혐오나 배척의 출발점이 될 수 있다. 그렇다고 오지랖 넓게 타자의 삶을 간섭하고 통제하려는 것도 억압이자 폭력이다. 개인의 행복과 자율을 존중하면서도 공동의 선을 위해 연대하고 협력하는 것이 절대적으로 필요하다. 철학자 알랭 바디우(Alain Badiou)가 말한 것처럼 개체성을 포함하는 새로운 보편성이 이 시대에 필요하고 관용보다는 공동체적 관계를 새롭게 설정하면서 조화를 이루어야 한다. 개인과 사회가 모순을 관리하면서 현명하게 공존하는 방향과 삶의 양식을 찾아야 하는 것이다.

아름다운
삶을 위한
더불어 살기

개인의 삶과 행복을 위해

오늘날 신자유주의가 보편적 질서가 되었다는 것을 거부할
수는 없다. 신자유주의의 특징은 자율적 시장이라는 개념과
경쟁을 통한 효율성을 증진하는 것이다. 그렇다 보니 세계적
으로 하나의 모델이 강요되기 시작한다. 시장에 맞춘 서비스
와 생산성 논리가 그것이다. 시장의 가치였던 서비스와 생산
성 논리가 사회 전반에 확장되면서 주체의 모습도 여기에 맞
춰져간다. 자기 스스로를 상품처럼 관리의 대상으로 보는 것
이 당연시되고 있다.

신자유주의가 우리 삶과 관련해 갖게 된 가장 큰 문제점은 스스로가 스스로를 어떤 기준에 맞춰 통제하고 관리하는 '자기관리적 주체'를 만들어낸다는 점이다. 이 말은 미셸 푸코가 『생명관리 정치의 탄생』에서 신자유주의 체제가 만들어내는 새로운 주체의 모델을 지칭한 것이다. 전통적으로 권력은 주체를 길들이고, 순응시키면서 규율 주체로 관리했다. 주체가 권력의 통제 대상인 것이다. 그런데 현대사회에서는 생산성과 자율성 가치가 시장을 통해 침투하면서 개인이 자기 삶을 사회적 기준에 따라 통제하고 관리하는 자율적 대상으로 삼는 경우가 많다. 끊임없이 일하고 경쟁하면서 자기 삶의 성과 지표에 따라 스스로를 평가하다 보니 착취당한다는 생각도 하지 못하면서 스스로 노예가 된다.

자기관리적 주체는 개성이나 자아실현의 이념과 더불어 우리에게 강요되는 경우가 많다. '네 삶의 주인이 되라.' 아주 좋은 말인 것 같지만 '삶의 주인이 되는 것'을 '현대사회에 잘 적응하는 것'으로 바꾸는 순간, 우리는 사회에 잘 적응한 사람과 실패한 사람으로 나뉜다. 자기관리라는 삶의 방식은 시장의 질서를 통해 무의식적으로 강요된다. 시장질서가 지배하는 경쟁사회에서 살아남기 위해 스스로 경쟁력을 높이고, 생산성을 강화하기 위해 공부하고 스펙을 쌓으면서 사회가 요구하는 기준에 맞춰 스스로를 상품처럼 만드는 것이 현대 권력의 통치 원리가 되었다. 신자유주의는 감시나 처벌, 내적 규율의 강요가 아니라 시장 경쟁의 원리에 맞춰 생존을 위해 자신을 만들어가는 피로사회의 주체를 생산하고 자기관리에 실패한 주체들을 사회 외부로 배제시킨다.

자기관리의 주체라는 말은 상당히 좋은 의미로 다가오는 것 같지만 실제는 신자유주의가 만들어낸 일종의 착취 이데올로기다. 이 주체들은 끊임없이 자기를 관리하면서 사회가 요구하는 기준에 잘 적응하기 위해 애쓴다. 유능함과 무능함이라는 양극의 잣대로 개인을 평가하는 이런 사회적 논리는 당연히 비판받아야 마땅하다.

자유에 대한 갈망은 자유주의의 원천인데 나는 내 식대로 살 거라는 식의 이기적 욕망으로 변질된다. 뿐만 아니라 대의제에 대한 요구는 정치적 무관심으로 변질된다. 현대사회의 특징 중 하나가 정치가 커지는 것이 아니라 행정이 커진다는 것이다. 정치 자체가 서비스화되면서 정치인들은 행정에 복무하는 사람들처럼 되어간다. 그래서 욕망이 무한히 확장되는데 이 욕망을 자세히 보면 개개인의 이기적 욕망과 물질적 욕망, 그리고 타자를 전제하지 않는(타자를 넘어서고 극복할 것을 요구하는) 홉스 식의 욕망이다. 무한한 경쟁이 계속되는 한 우리는 절대 평화에 도달하지 못하고 긴장 속에 살 수밖에 없다. 이것이 오늘날 자본주의 논리의 귀결이다. 그렇다고 해서 자본주의를 벗어나자는 것이 아니라 논리의 본질을 이해하면서 관계 맺기를 잘해야 한다는 것이다.

오늘날 한국 사회는 계약사회이자 구조화된 경쟁사회다. 계약사회는 무한 책임을 지는 사회를 의미한다. 내가 계약의 주체인 만큼 잘못되면 모든 것이 다 나의 책임이다. 계약은 일반화되어 있고 경쟁에 의해 정당화된다. 내가 돈을 못 버는 것은 나의 무능력 때문이다. 흡혈박쥐의 예처럼 모두가 다 피를 먹을 수 있는 것은 아니다. 그러면 누군가가 피를 나눔으로써 공생해야 하는데, 그저 '너의 능력만큼 먹어'라고 요구하는 것이 전형적인 신자유주의의 논리다. 이런 논리 하에서는 서로에게 힘을 주고 지탱해주는 공동체가 아니라 서로 감시하고 비교하고 군림하는 공동체로 바뀐다. 그리고 그 틈바구니에 이기주의가 자리한다.

나는 나고, 너는 너라는 식의 각자도생이 마치 개인의 개성 실현인 것처럼 이야기된다. 이런 개성 실현과 성장 제일주의,

그리고 완벽한 자기계발이라는 신화 속에서 현대인들은 끝없는 질주를 하게 된다. 정신분석학적으로 말하면 신경증적 주체가 치료가 안 된 채로 계속 달려가는 것이다. 이럴 때 문득문득 경종을 울리는 것이 바로 불안이다. 신자유주의의 논리가 팽배해져 있던 사회에 포스트 코로나 시대가 가져온 역설은 국가의 역할, 공동체의 역할의 중요성이다. 방역은 결코 혼자 잘한다고 해서 가능한 것도 아니고, 개인과 개인의 관계를 잘 설정해야 하기 때문이다.

우리나라 사람들이 갖는 이중성 중 하나가 공동체성이 매우 강한데 이것이 연대나 협력으로도 나타나지만 서로에 대한 감시나 비판으로도 나타난다는 사실이다. 마스크 쓰기가 그 단적인 예다. 마스크를 안 쓰면 타자의 따가운 시선을 견디기 어렵다. 그런 만큼 방역이 잘 유지되지만 이런 심리는 동시에 서로에게 책임을 전가하는 원인이 되기도 한다. 주변에 확진자가 나오기라도 하면 비난을 쏟아 부어 당사자로 하여금 마치 큰 잘못이라도 한 것 같은 죄의식을 갖게 만든다. 물론 본인이 부주의해서 감염이 되었을 수도 있지만 지금 같은 팬데믹 상황에서는 구조적으로 어디에선가 문제가 생길 수밖에 없다. 그 모든 책임을 개인에게 전가시키는 것은 어쩌면 우리의 공동체적 정서에서 비롯된 것일 수도 있다.

이와 같은 공동체적 정서는 개인주의가 지나치게 강화되면서 개인과 개인을 이어주는 연대적 시민성이라는 개념이 약화된 사회의 과도기적 특징이기도 하다. 그래서 우리는 더더욱 더불어 잘살 수 있는 지혜를 모색해야 한다. 더불어 살기 위해서는 타자와 타자가 관계를 맺는 것도 대단히 중요하고, 타자와 타자의 관계가 제대로 정립할 수 있도록 나와 나의 관계가 맺어지는 것도 중요하다. 그리고 이런 관계 맺기를 토대로 공동선이 추구되어야 한다.

공동선은 특정 개인을 위한 것도 아니고, 대다수의 집단을 위한 것도 아니다. 우리 모두가 공감하고 우리 모두의 사회를 위해 꼭 필요한 선이다. 포스트 코로나 시대에는 방역을 통한 건강 회복이 공동선일 것이다. 이것은 모두에게 혜택이 돌아가는 동시에 모두의 노력이 필요하다. 누구든 이 상황에서 예외일 수는 없다.

사회를 창조하는 힘, 사랑

유명한 사회학자 조너선 색스(Jonathan Sacks)는 『사회의 재창조』에서 인상적인 세 가지 공동체 모델을 제시한다. 시골 별

장 같은 모델, 도시 호텔 같은 모델, 고향 같은 모델이다.[15]

첫 번째 모델인 시골 별장은 주인이 아주 너그럽고 친절하다. 하지만 그건 어디까지나 별장일 뿐이다. 내 집이 아니기에 언제가 되었든 나는 그곳을 떠나야 하고, 별장 주인은 수시로 나를 간섭하기도 한다. 때로 나에게 도움을 준다고 찾아오는 친절과 개입이 오히려 귀찮을 수 있다. 시골 별장 모델은 편히 쉴 수 있는 곳이지만 동시에 주인의 간섭을 받아야 하고 언제나 손님일 수밖에 없는 공동체다.

두 번째 공동체는 도시 호텔 같은 모델이다. 호텔에서는 서로에게 관심을 갖지 않는다. 그리고 호텔을 내 방처럼 사용한다. 이틀을 머물면 이틀 동안은 온전히 내 방이 되는 것이다. 별장과 달리 개인 사생활이 존중된다. 그러나 이곳 역시 잠시 머물다 떠나는 곳일 뿐 내 집이 아니다. 방에 있는 물건들도 내 것이 아니기에 망가뜨려서도 안 되지만 동시에 애정을 둘 이유도 없고, 옆방에 머무는 사람과 좋은 관계를 맺어야 할 필요도 없다.

세 번째 고향 같은 공동체 모델은 우리에게 안식을 주는 곳이며 우리가 돌아가야 할 곳이다.

조너선 색스의 공동체 모델은 사회 재창조의 좋은 예시가 되기는 하지만 보다 근본적으로는 관계 자체가 자연스러운 모델이 될 수 있도록 하는 노력이 필요하다. 그 대안의 하나로 사랑의 중요성을 들 수 있다. 사랑이야말로 철학자들이 아주 오래전부터 탐구해왔으며 하나의 해결책으로 제시해온 주제다.

프로이트는 "행복을 얻고, 고통을 피하기 위해서는 사랑을 모든 것의 중심에 두어야 한다"고 말한다. 플라톤의 『향연』에서는 소크라테스를 포함한 일곱 명의 현자들이 모여 에로스에 대한 토론을 펼친다. 누구는 사랑이 충만한 아름다움을 추구하는 것이라고 말하고, 누구는 사랑이 범속적인 것, 세속적인 것, 천상의 것으로 나뉜다고 말한다.

희곡작가 아리스토파네스는 사랑에 대해 말하기 위해 양성 인간 신화를 소개한다. 인간은 원래 머리가 두 개, 팔이 네 개, 다리도 네 개였으며 공처럼 온갖 곳을 굴러다녔는데, 너무 똑똑한 인간에게 두려움을 느낀 제우스가 대장장이 신 헤파이스토스를 불러 반 토막을 냈다고 한다. 그래서 머리 하나, 팔 두 개, 다리 두 개로 나뉜 인간은 그때부터 나머지 반쪽을 찾아다니게 되었고, 반쪽을 만나면 절대 떨어지지 않기 위해 죽음도 불사했다. 그러자 제우스가 이를 불쌍히 여겨 그 반쪽을 다시 결합시켜 주었다고 한다.

여기서 에로스는 잃어버린 반쪽을 찾아 완전한 하나가 되고자 하는 열정처럼 해석되지만 하나가 된다는 것은 뒤집어 해석하면 차이가 없어진다는 이야기다. 위협일 수도 있고 압박일 수도 있다. 인간에게는 해소할 수 없는 차이가 존재하는데 하나가 되기 위해서는 그 차이를 버려야 한다. 커플의 예를 들어보자.

각기 다른 환경과 문화에서 자란 두 사람은 많은 것이 다를 수밖에 없다. 그런데도 사랑하는 사이니까 서로 취향을 통일해 같은 것을 먹고, 같은 것을 보고, 같은 것을 입어야 한다면 그것은 폭력이나 다름없다. 에로스는 이렇게 자기중심성을 갖기 때문에 서로가 서로에게 힘이 되기도 하지만 지나치면 상대를 압박할 수도 있다.

키르케고르는 『사랑의 역사(役事)』에서 자기중심적 에로스가 아니라 있는 그대로 사랑하는 이웃 사랑을 강조한다.[16] 내가 말하려는 사랑도 이와 같다. 인간이 행복을 얻고 고통을 피하기 위해서는 결국 인간과 관계를 잘 맺어야 하는데 이때 그 중심에 두어야 하는 것이 바로 사랑이다. 이때의 사랑은 감정적인 것이 아니라 관계이고 실천이며 태도다.

공유와 향유, 그리고 공존

순망치한(脣亡齒寒)이라는 말이 있다. 입술을 잃으면 이가 시리다는 뜻이다. 진나라 헌공이 곽나라를 공격할 야심을 품고 우나라 우공에게 길을 빌려줄 것을 요청했다. 그때 우나라의 현인 궁지기(宮之奇)가 헌공의 속셈을 알고 우왕에게 간언했다.

곽나라와 우나라는 한몸이나 다름없는 사이라 곽나라가 망하면 우나라도 망할 것이옵니다. 옛 속담에도 수레의 짐받이 판자와 수레는 서로 의지하고[輔車相依], 입술이 없어지면 이가 시리다[脣亡齒寒]고 했습니다. 이는 바로 곽나라와 우나라의 관계를 말한 것입니다. 결코 길을 빌려주어서는 안 될 것입니다.

그러나 우왕은 뇌물을 받고 진나라에 자기 나라를 통과하게 해주었고 헌공은 곽나라를 멸망시킨 후 우나라도 멸망시켰다. 여기서 바로 순망치한이라는 말이 유래했다. 이는 곧 순치의 윤리라고 말할 수 있다. 네가 없으면 나도 없으니 서로가 서로에게 필요한 존재라는 의미다.

예전에 MBC에서 방영한 〈남극의 눈물〉이라는 다큐멘터리가 있었다. 황제펭귄의 이야기를 다룬 이 다큐멘터리는 당시 안 본 사람이 거의 없을 정도로 시청률이 엄청났다. 황제펭귄들이 영하 50도의 남극에서 살아가는 이유는 포식자가 없기 때문이다. 하지만 포식자가 없다는 것은 생물이 살기 힘든 조건이라는 뜻이다. 그들이 그 극한의 추위 속에서 생존할 수 있는 최선의 방법은 허들링(huddling)이다. 그들은 서로 몸을 맞대고 둥그렇게 원을 만들어 서로의 체온을 나누며 버틴다. 더 신기한 것은 바깥쪽에 있는 펭귄들의 체온이 떨어지지 않도록 쉬지 않고 몸을 움직여 안쪽과 바깥쪽의 위치를 바꾼다는 점이다. 누가 시켜서도 아니고 자연적으로 형성된 그들만의 삶의 방식이다.

이들의 또 다른 특징은 암컷이 알을 낳으면 그 알을 수컷한테 넘기고 암컷들은 먹이를 구하러 떠난다. 그러면 남겨진 수컷은 알이 얼지 않도록 다리 사이에 품은 채 암컷이 돌아올 때까지 버틴다. 암컷은 길게는 10~20일이 지나야 먹이를 구해 돌아오는데, 그 사이 수컷이 품고 있던 알은 부화해 온가족이 상봉의 기쁨을 누린다. 순치의 윤리를 여실히 보여주는 자연의 예라고 할 수 있다.

황제펭귄의 예에서 보듯 협력의 도덕은 본성이나 덕성의

문제가 아니라 우리가 공존할 수 있는 합리적 선택이다. 순치의 윤리를 실천하지 않으면 사회는 무너질 수밖에 없다. 도덕적 명령이기 때문에 공존하는 것이 아니라 지속 가능한 발전과 상생을 위해 공존을 선택해야만 한다. 공존을 위해 공동선을 설정하고 서로 힘을 합쳐야 하는데 이를 위해서는 사회 내부의 배제 구조를 철폐해야 한다. 승자 독식 구조를 정당화하면서 나의 성공을 오로지 나의 노력의 결과로만 간주하고, 사회적 약자를 외면하고 배척하는 것은 결국 우리의 자리를 허물어뜨리는 어리석은 행동이다. 황제펭귄처럼 서로 협력하고 힘을 합치지 못하면 공멸할 수밖에 없는 것이 현재의 사회 상황이다.

우리 사회의 가장 큰 문제점 중 하나인 양극화는 순식간에 사회를 붕괴시킬 수 있다. 양극화의 논리가 사회 구조가 되면 공동체적인 많은 부분이 깨질 뿐만 아니라 나라의 생산성이 떨어져 사회가 무너질 수도 있다. 우리나라의 인구가 급격하게 감소하는 이유는 개개인이 자유로워져 독신으로 살고 싶어서가 아니라 결혼하고 아이를 낳고 가정을 유지하는 삶이 힘들어진 사회 구조 때문이다.

이런 현상을 치유하기 위해서는 우선 공동체를 건강하게

만들어야 한다. 그렇지 않은 상태에서의 자유는 이기주의에 불과하며, 그것이야말로 신자유주의가 강조하는 허구의 이데올로기다. 자유는 고립된 개인에게는 절대로 실현될 수 없다. 고립된 개인에게 실현되는 것은 선택의 자유이고, 굶어죽을 자유이고, 물질화된 자유일 뿐이다. 순치의 윤리가 필요한 이유도 그 때문이다.

순치의 윤리는 유대감으로 나타난다. 소유에서 공유의 사회로, 쌓기에서 향유의 사회로, 지배에서 공존의 사회로 나아가야 한다. 우리는 너무나도 오랫동안 소유의 논리에 의해 지배되었다. 무엇이든 분명한 '내 것'이어야 직성이 풀리는 삶이었다. 담장과 경계를 허물고 공유의 사회로 나아가야 한다. 그리고 이제는 무엇이든 쌓아놓고 살던 삶의 방식을 향유의 방식으로 바꿔야 한다. 쌓기는 물질화된 논리다. 그 속에서 우리는 향유를 희생해왔다. 평생 일만 하면서 모은 돈을 써보지도 못하고 죽는 경우는 흔하다.

뿐만 아니라 지배의 논리에서 공존의 논리로 바뀌어야 한다. 공존이야말로 인간성과 합리적 선택에 부합하는 것이며 서로가 잘살기 위한 필수 조건이다. 그러나 공존에 기초한다고 해도 인간은 끊임없이 서로에게 공격성을 갖기 마련이다.

그렇기 때문에 공존에 대한 믿음과 유대감을 강화하는 한편 사회적으로 용인되는 테두리 안에서 적절하게 공격성을 방출할 수 있어야 한다.

우리 사회에는 주체성을 바탕으로 한 자발적 공동체 관계가 필요하다. 철학자 장 뤽 낭시(Jean Luc Nancy)는 원리, 기준, 이념을 전제하지 않는 '무위의 공동체'를 이야기한다. 무위의 공동체는 인위성이나 특정한 가치와 목적을 강요하지 않는 것을 말한다. 이것은 에로스적 공동체와는 대립된다. 에로스적 공동체는 우리가 이런 목적을 지향하니 여기에 동의하는 사람들은 함께하자는 것을 전제로 한다. 여기에는 동의하지 않는 사람은 함께할 수 없다는 의미가 함의되어 있다.

하지만 무위의 공동체적 원리 혹은 유대적 공동체, 공동선을 염두에 둔 공동체는 각자의 자유를 인정하고 자발적 개인들의 공존을 모색한다는 점에서 에로스적 공동체와는 분명한 차이가 있다. 장 자크 루소의 일반 의지로 이야기할 수도 있고, 장 뤽 낭시의 무위의 공동체로 이야기할 수도 있으며, 적극적인 연대로 이야기할 수도 있다. 중요한 것은 형태로서 모델을 제시하기보다는 실제로 이런 것들을 이루어나가려는 강한 의지다.

공존을 위한 새로운 자본

연대와 공존을 위해서는 새로운 자본을 발굴해야 한다. 전통
적으로 자본의 개념은 물질적인 것, 화폐적인 것, 생산적인 것
으로 정의되어 왔지만 요즘은 사람들 간의 연대를 사회적 자
본이라고도 한다. 특히 협동조합을 이루는 '관계재'는 전통적
재화와 달리 타인과 함께해야 하며 공유가 필수다. 서로에 대
한 믿음과 의무가 제대로 이행되지 않으면 유지되지 않기 때
문이다. 이런 관계재와 사회적 자본을 풍성하게 확보한 사회
와 그렇지 않은 사회의 미래가 어떻게 다를지는 불을 보듯 뻔
하다.

우리에게는 공존을 위한 합리적 지혜가 필요한 것이지 공
존을 위한 당위나 윤리, 도덕이 필요한 것이 아니다. 이런 합
리적 지혜를 같이 모색해야 하며, 그것은 전통적인 가치나 생
산성의 논리를 초월할 수 있어야 한다. 관계 자체가 새로운
가치의 원천이 될 수 있다는 것을 받아들여야만 한다. 예컨대
도덕적 자본 같은 것이 그것이다. 협동 경제 연구자 존 레스
타키스(John Restakis)는 '도덕적 자본'의 추구에 입각한 협동조
합은 공공 정책이나 공익적 호혜의 제도화를 가능하게 한다
고 말한다. 도덕적 자본이라는 것은 물질적인 이익이나 개인

이 아니라 공공성, 그리고 상호성을 가능하게 하는 근거다.

우리 사회에는 이념, 종교, 성별 등 여전히 많은 갈등이 존재한다. 생산성을 높이고 지속 가능한 발전을 위해서는 이런 갈등들을 어느 정도 해소할 필요가 있다. 갈등 해소는 우리가 살아남기 위해 꼭 해결해야 할 중요한 과제다. 갈등 해소는 새로운 공동체적 관계의 모색과 함께 이루어져야 한다.

정신분석학적 입장에서는 이것을 진정한 관계 맺기라고 말할 수 있다. 나와 나의 관계를 건강하게 맺고, 이것을 바탕으로 타자를 수용해 나와 타자의 관계를 제대로 맺으면 비로소 '우리'가 만들어진다. 우리가 추구하는 것이 바로 이런 공동체적 관계다. 공동체를 만드는 게 목적이 아니라 상호 호혜성과 공존의 노력이 모색될 수 있는 틀인 새로운 공동체적 관계를 잘 만들어야 하며, 그 관계가 추구하는 하나의 목표가 바로 공동선이다. 공동선을 실현하기 위한 방안들은 여러 가지가 있을 것이다. 그 방법들을 구체적으로 모색하는 것이 우리의 할 일이다.

우리가 공존해야 할 21세기의 모델로서 자아 리셋은 매우 중요하다. 그리고 자아에 대한 정체성은 타자와의 관계, 공동체와의 관계를 필수 조건으로 하기 때문에 여기에 대한 성찰과 변화가 필요하다. 고립된 개인에 의한 파편화된 연대가 아니라 서로가 서로를 의지하는, 마치 황제펭귄의 허들링과도 같은 호혜적 관계가 우리에게는 절실하다. 그것이 21세기를 살아가는 우리에게 필요한 공존의 지혜일 것이다.

무의식 unconsciousness

무의식은 우리가 모르는 뇌의 자율적 작용으로 자각이 없는 의식의 상태다. 의식하고 있을 때 불안을 일으키는 억압된 원시적 충동이나 욕구, 기억, 원망 따위를 포함하는 정신 영역이다. 그러나 이런 뇌과학적 정의 외에 정신분석학에서는 억압되어 의식 밑에 침잠한 채 우리의 행동과 사고를 지배하는 것을 무의식이라고 한다. 유년기의 상처나 자아가 수용하지 못하는 관념 등이 그런 것이다. 무의식이 인간 정신의 핵심을 이룬다는 것은 뇌과학이나 정신분석학 모두 주장하는 관점이다.

자아 ego

나의 믿음, 가치관, 나의 행동의 목표를 통일시켜주는 것으로 내 안에 있는 무의식, 욕구나 욕망, 충동, 그리고 나를 둘러싼 주위의 환경과 타자들이 한데 어우러져 자아를 만든다. 자아 안에는 어느 정도의 의식적인 부분이 있지만 자아의 많은 작용들은 자동적으로, 그리고 무의식적으로 이루어진다. 자아는 실체가 아니라 여러 관계의 산물이자, 인간이 자기 정체성의 바탕으로 믿는 심리적 핵심 토대다.

프레임 frame

우리가 세상을 바라보는 방식을 형성하는 정신적 구조물로 우리가 추구하는 목적과 계획, 행동 방식, 그리고 우리 행동의 좋고 나쁨을 결정한다. 조지 레이코프는 어떤 사람에게 "코끼리를 생각하지 말라"고 말하면 그 사람은 코끼리를 떠올릴 것이라며 상대편의 프레임을 단순히 부정하는 것은 단지 그 프레임을 강화할 뿐이라고 주장했다.

로고테라피 logotherapy

삶의 가치를 깨닫고 목표를 설정하도록 하는 것에 목적을 둔 실존적 심리 치료 기법으로 빅터 프랭클이 고안했다. 왜 살고자 하는지 의미를 아는 사람은 자신의 삶에서 풍성한 색깔을 만들 수 있지만 그 의미를 찾지 못하면 절망하거나 극단적으로 자기를 혐오하게 되고, 아니면 자살로 생을 끝낼 수도 있다.

지위 증상

사회적 지위가 높을수록 수명도 길고 행복하다는 뜻으로, 지위가 높을수록 자기가 통제할 수 있는 영역이 더 커지기 때문에 자기 삶에서 불안정한 요소가 더 줄어드는 것이다. 지위가 높은 사람들이 건강하고, 장수하는 것도 지위 증상으로 설명한다. 현대인들이 명예를 좇고 더 많은 부를 이루려 돈에 집착하는 것도 이런 지위 증상과 무관하지 않다.

코나투스 conatus

인간을 비롯한 모든 유한한 사물들의 본질을 의미하는 철학적 개념이다. 코나투스가 있기에 인간은 단지 자신을 보존하는 것만이 아니라 발전시키고 성숙시키려 한다. 인간은 유한한 존재이지만 신으로 대표되는 무한한 것에 도달하고자 하는 열정이 있으며, 코나투스는 이런 인간에게 능동성과 해방의 가능성을 부여한다. 스피노자에 따르면 코나투스의 인간학적 표현이 바로 '욕망'이다.

상징계 symbolic

정신분석학자 라캉이 소개한 개념으로, 언어 자체와 언어를 본떠 구조화된 상징체계로 간주되는 상징과 문화의 모든 영역을 말한다. 즉 언어에 의해 기초가 되는 여러 가지 사회적 제도, 담론의 공간, 그리고 인간 삶의 현실들을 뜻한다. 상상계가 초월적인 제3의 질서로서 자아와 소타자의 공간이라면, 상징계는 주체와 타자의 공간이다. 인간은 상징계가 있기 때문에 타자와 관계를 맺을 수 있다.

현실 불안 reality anxiety

외부에서 오는 위험에 대한 두려움이며, 불안의 정도는 실제 위험의 정도에 비례한다. 현실 불안은 말 그대로 불안의 원인이나 대상이 명확한 경우다. 현실 불안은 개인이 위험에 효과적으로 대처할 수 있는 능력을 약화시키며, 위협의 원인이 감퇴되면 줄어든다. 이 불안은 신경증적 불안이나 도덕적 불안과는 구별되며, 자아보존을 기하는 데에 도움을 준다.

신경증적 불안 neurotic anxiety

원초아 속에 포함되어 있는 억압된 욕구나 충동, 특히 성적 충동이나 공격적 충동을 자아가 적절하게 통제하고 조절하지 못해 처벌받을 행위를 하게 되지 않을까 하는 불안이다. 프로이트는 신경증적 불안은 방출하지 못한 성적 리비도에서 발생하는 것이라고 정의했다. 그러나 프로이트는 이 주장을 수정해 자동적 불안이라는 말을 사용하며, 이것을 어떤 상황에 처했을 때 무기력감으로 나타나는 불안 반응으로 보았다. 1930년대 즈음부터는 어떤 위기 상황이나 미래에 대해 알려주는 경고로 분석되었다.

주석

1 지그문트 프로이트 저, 『정신분석학의 근본 개념』, 열린책들, 2004, 161쪽.

2 지그문트 프로이트 저, 『정신분석학의 근본 개념』, 열린책들, 2004, 31쪽.

3 Brad J. Bushman and Roy F. Baumeister, "reatened Egotism, Narcissism, Self-Esteem, and Displaced Aggression: Does Self-Love or Self-Hate Lead to Violence?", Journal of Personality and Social Psychology, Vol. 75, No.1 (American Psychological Association, 1998) p.220.

4 플라톤 저, 『알키비아데스 I, II』, 이제이북스, 2007, 91쪽.

5 알랭 드 보통 저, 정영목 역, 『불안』, 은행나무, 2011.

6 질 들뢰즈 · 펠릭스 과타리 저, 『안티 오이디푸스, 자본주의와 분열증』, 민음사, 2014, 60~61쪽.

7 이기석 · 한용우 역해, 『맹자』, 「고자장구(告子章句) 上」편, 홍신문화사, 2008, 390~391쪽.

8 Jacques Lacan, Le Séminaire II, Le moi dans la théorie de Freud et dans la tecnique de la psychanalyse (Éditions du Seuil, 1977), p.261.

9 레프 톨스토이 저, 홍순미 역, 『사람에게는 얼마만큼의 땅이 필요한가』, 써네스트, 2018.

10 아리스토텔레스, 강상진 · 김재홍 · 이창우 역, 『니코마코스 윤리학』, 길, 2011.

11 빅터 프랭클 저, 강윤영 역, 『빅터 프랭클의 심리의 발견』, 청아출판사, 2008.

12 쇠렌 키르케고르 저, 임규정 역, 『불안의 개념』, 한길사, 1999, 395~396쪽.

13 지그문트 프로이트 저, 김석희 역, 『문명 속의 불만』, 열린책들, 2003.

14 파울 페르하에허 저, 장혜경 역, 『우리는 어떻게 괴물이 되어가는가』, 반비, 2015.

15 조너선 색스 저, 서대경 역, 『사회의 재창조』, 말글빛냄, 2009.

16 쇠렌 키르케고르 저, 임춘갑 역, 『사랑의 역사』, 다산글방, 2005.